크리스천 유머 테라피

사랑하는 _____ 님께 이 책을 드립니다.

크리스천 유머 테라피
(Christian Humor Therapy)

초판1쇄 인쇄 2010년 05월 10일
초판1쇄 발행 2010년 05월 15일

엮은이 | 박영만

기획 | 박혜린
마케팅 | 오지현
홍보 | 박혜선
펴낸곳 | 프리윌 출판사
　　　　등록번호: 제2005-31호　　등록년월일: 2005년 05월 06일
주소 | 경기도 고양시 일산서구 주엽동 90번지 강선마을 1703동 103호
전화 | 031-922-8303, 팩스 031-922-8303
E-mail | yangpa6@hanmail.net

디자인 | 김왕기
출력 | 오크커뮤니케이션
인쇄 | 광문인쇄

ⓒ 프리윌출판사, 2010
ISBN 978-89-93379-07-5　03230

* 이 책의 저작권은 프리윌출판사가 소유합니다. 잘못 만들어진 책은 구입처에서 교환해 드립니다.

크리스천 유머 테라피

엮은이 | 박영만

프리윌

들어가는 말

유머복음 5장

1. 하나님은 우리에게 이렇게 명령하신다. 누구든 나의 이름을 영광스럽게 할지니 웃음의 능력과 힘을 나타내고 퍼뜨리는 것도 그것이라.

2. 그런 자에게는 복이 있나니 너희가 세상을 웃게 하면 세상도 너희를 웃게 할 것이요, 너희가 세상을 사랑하면 세상도 너희를 사랑할 것이라. 그런 자에게는 복이 있나니 웃음과 즐거움이 그의 앞에 있으며, 의미와 기쁨이 그의 처소에 있도다.

3. 그러므로 이제 웃음 안에 있는 자에게는 결코 찡그림이 없나니, 이는 웃음 안에 있는 엔도르핀의 힘이 찡그림과 스트레스의 속박에서 너를 해방하였음이라.

4. 감정이 여러 요인으로 말미암아 자주 상하는 그것을 유머는 풀어주나니, 후모르가 자기 파생어를 유머로 보내어 웃음을 일으키사, 찡그림을 따르지 않고 유쾌함을 따라 즐거움을 원하는 우리에게 기쁨의 요구가 이루어지게 하려 하심이니라.

5. 찡그림을 따르는 자는 우울한 일을, 웃음을 따르는 자는 즐거운 일을 생각하나니, 찡그림의 생각은 슬픔과 우울함이요, 웃음의 생각은 기쁨과 즐거움이니라.

6. 웃음이 오기 전에 우리는 찡그림 아래에 매인 바 되고 계시될 기쁨의 때까지 갇혔느니라. 이같이 찡그림이 오히려 우리를 웃음으로 인도하는 몽학선생이 되어, 우리로 하여금 유머로 말미암아 유쾌함을 얻게 하려 함이라.

7. 웃음이 온 후로는 우리가 찡그림 아래에 있지 아니하도다. 우리가 다 유머로 말미암아 웃음 안에서 희락의 자녀가 되었으니, 누구든지 찡그림을 없애기 위해 유머를 읽는 자는 이미 웃음으로 구원받았느니라.

8. 그러므로 또한 너희가 유머 안에 거하면 웃음과 함께 깨달음을 얻고 기뻐할지니, 기쁨이 너희를 행복하게 하리라.

9. 이제 너희는 부유한 자나 가난한 자나, 지위 있는 자나 지위 없는 자나, 배운 자나 못 배운 자나 다 웃음 안에서 하나이니라. 너희가 유머를 읽고 큰 소리로 웃으면 이는 곧 행복의 자손이요, 약속대로 기쁨을 누릴 자니라.

Contents

1장

복이 있는 자 · 10 | 사내의 맹세 · 11 | 무서운 마누라 · 13 | 유식과 무식 · 15 | 돈 나무 · 16 | 이빨 교정 · 17 | 구원 · 19 | 학교와 핵교 · 21 | 에스키모인의 생활 · 23 | 식인종의 불평 · 24 | 식인종일보의 특종 · 25 | 다방 커피 · 26 | 중국집 남자의 축약어 · 28 | 〈선녀와 나무꾼〉 바이블 버전 · 30 | 농사와 기도 · 32 | 황소를 위한 기도 · 34 | 마지막 번호 · 36 | 목사와 목사님 · 38 | 잘못 불리어진 하나님 · 39 | 왼팔 오른팔 · 41 | 한나의 대답 · 42 | 하나님의 선택 · 44 | 어느 노처녀의 기도 · 46 | 과거형과 현재형 · 48 | 죄와 착각 · 49 | 거울 · 50 | 어느 아줌마의 착각 · 51 | 베드로의 실수 · 53 | 유머로 읽는 성격 유형별 기도문 · 55

2장

후모르(humor) · 58 | 임금님의 민생시찰 · 59 | 조상신들의 신세타령 · 61 | 시험 범위 · 63 | 김 집사님의 사투리 · 65 | 저작권 · 67 | 시험 · 69 | 목사님의 믿음 테스트 · 70 | 존재와 현상 · 72 | 믿음 좋은 아가씨 · 74 | 아멘의 위력 · 75 | 제자별 무인도 생존법 · 77 | 악필을 위한 기도 · 79 | 어떤 남자의 기도 · 80 | 할아버지의 기도 · 81 | 할아버지와 손자 · 82 | 집 판 돈 · 83 | 아름다운 교회 · 85 | 친구 대신 · 87 | 거지의 큰 일 · 88 | 아버지의 답장 · 89 | 부전자전 · 91 | 애물단지 · 92 | 출신 학과별 사랑고백 · 94 | 유머의 기법 1 · 96

기쁨의 요구 · 98 | 달라진 세계관 · 99 | 슬픈 고백 · 100 | 남녀의 우정 차이 · 102 | 남자를 먼저 만든 이유 · 104 | 그날 이후 · 105 | 용서할 수 있는 남편 · 106 | 첫사랑 여인 · 108 | 존댓말을 쓰는 이유 · 110 | 아내의 처방 · 112 | 무정한 남편 · 113 | 깜짝 놀랄 메뉴 · 115 | 남자가 여자를 · 116 | 이해할 수 없을 때 · 116 | 서울 부부와 경상도 부부 · 117 | 아내의 수수께끼 · 119 | 외출 준비 · 120 | 공처가 · 121 | 땅값 · 122 | 복도 많은 남자 · 123 | 아내의 복수 · 124 | 아내의 구박 · 126 | 불독의 입 · 128 | 납치범의 협박 · 129 | 남자가 여자에게 해서는 · 130 | 안 될 말 십계명 · 130 | 〈흥부와 놀부〉 바이블 버전 · 133

웃음의 구원 · 136 | 지식과 지혜 · 137 | 지독한 게으름뱅이 · 139 | 용하다는 점쟁이 · 141 | 완성품 · 143 | 무당의 분노 · 145 | 외판원과 할머니 · 147 | 증상 치료 · 149 | 높이와 길이 · 151 | 낙하 훈련 · 153 | 멍청한 미국인 · 154 | 배꼽 빼는 이야기들 · 156 | 미국 경찰관 · 158 | 연탄 두 장 값 · 159 | 여성운전자와 택시기사 · 161 | 자동차 정비사건 · 163 | 서둘러 오느라고 · 165 | 자동 잠금장치 · 169 | 할머니들의 자랑 · 171 | 이름도 인연 · 173 | 이름이 두 개 · 174 | 재미있는 닉네임들 · 175 | 말실수 유머 모음 · 176

5장

유머리스트(Humorist) · 180 | 아담과 하와의 복수 · 181 | 집안 이야기 · 183 | 인구 문제 · 185 | 남자의 젖꼭지 · 187 | 씨 없는 수박 · 188 | 댄스 기빙! · 190 | 금주 · 192 | 베드로의 판결 · 193 | 베드로의 명령 · 195 | 저항의 이유 · 197 | 회사 승계자 · 199 | 웃기는 일 · 201 | 빌 게이츠의 묘비명 · 202 | 직업별 최고의 거짓말 모음 · 204 | 하나님의 감시 · 206 | 하나님께서 보시면 · 207 | 물위를 걸은 이유 · 209 | 사탄의 작전 · 210 | 하나님의 칭찬 · 212 | 천국 가는 길 · 213 | 할머니의 흡연 · 215 | 배꼽티 사건 · 216 | 할머니와 대학생 · 217 | 할머니의 영어 실력 · 219 | 전기 요금 · 221 | 할머니의 지급요청서 · 222 | 지가 와? · 223 | 모든 것엔 등급이 있다 · 224 | 유머의 기법 2 · 226

6장

행복의 자손 · 228 | 어버이날 편지 · 229 | 시험 점수 · 231 | 미술가와 음악가 · 232 | SALT · 233 | OX 문제 · 234 | 애꿎은 에디슨 · 236 | 좋은 소식 · 237 | 글짓기 숙제 · 238 | 갈수록 태산 · 240 | 한명만 남고 · 242 | 다시 쓰는 출애굽기 · 244 | 용돈과 헌금 · 246 | 다시 우는 이유 · 247 | 한 수 위 · 249 | 대통령이 되면 · 251 | 요한이의 대답 · 252 | 두 꼬마의 대화 · 253 | 아들의 요청 · 255 | 아빠의 대답 · 256 | 엄마와 아들 · 257 | 부녀의 기도 · 258 | 요한이의 기도 · 259 | 꼬마들의 기도 · 260 | 아빠 쥐의 위기 극복 · 262 | 잔디밭의 결투 · 264 | 손오공의 분신 · 266 | 4.5의 변신 · 268 | 엄마 호떡과 아기 호떡 · 270 | 거북이 삼형제 · 272 | 개미와 지네 · 274 | 개미와 코끼리 · 276 | 티코와 모기 · 277 | 참새와 포수 · 278 | 펭귄의 나들이 · 280 | 끼어든 녀석 · 282 | 멸치 부부의 금슬 · 283 | 수탉의 가출 · 284 | 두 계란의 자화상 · 285 | 암탉과 젖소의 불평 · 287 | 닭이 길을 건넌 것에 대한 · 288 | 여러 반응 · 288

1장

웃음과 즐거움이
그의 앞에 있으며
의미와 기쁨이
그의 처소에 있도다

복이 있는 자

하나님은 우리에게 이렇게 명령하신다. 누구든 나의 이름을 영광스럽게 할지니 웃음의 능력과 힘을 나타내고 퍼뜨리는 것도 그것이라.

그런 자에게는 복이 있나니 너희가 세상을 웃게 하면 세상도 너희를 웃게 할 것이요, 너희가 세상을 사랑하면 세상도 너희를 사랑할 것이라. 그런 자에게는 복이 있나니 웃음과 즐거움이 그의 앞에 있으며, 의미와 기쁨이 그의 처소에 있도다.

사내의 맹세

한 사내가 철길을 따라 걷다가 발이 철로에 끼었다. 그는 발을 빼려고 했지만 발은 좀처럼 빠지지 않았다.

그런데 그 때 소리가 들려 뒤를 돌아보니 기차가 다가오고 있었다.

그는 새파랗게 질려서 하늘에 대고 기도했다.
"하나님, 제 발이 빠지게 해주세요. 그러면 술을 끊겠습니다!"

하지만 발은 꼼짝도 하지 않았고, 기차는 점점 다가오고 있었다.

사내는 하늘에 대고 다시 한 번 소리쳤다.
"하나님, 제 발이 빠지게 해주세요. 그러면 술도 끊고 욕도 안하겠습니다!"

그러나 발은 여전히 빠지지 않았고, 기차는 급기야 코앞으로 다가왔다.

사내는 절규하듯 소리쳤다.
"하나님, 제 발이 빠지게 해주시면 술도 끊고 욕도 안하고 담배도 끊고 나쁜 친구들과 어울리지도 않겠습니다. 제발 제 발이 빠지게 해주세요!"

그러면서 그가 죽을힘을 다해 발을 잡아당기자 갑자기 그의 발이 쑥 빠졌고, 그 바람에 몸이 철로 밖으로 튕겨 나갔다. 정말 숨 막히는 순간이었다.

기차가 지나가고 난 뒤, 사내는 풀 섶에서 일어나 옷을 툭툭 털면서 하늘에 대고 말했다.
"하나님, 그런데 이건 순전히 제 힘으로 뺀 겁니다!"

Therapy

여호와는 말의 힘이 세다 하여 기뻐하지 아니하시며, 사람의 다리가 억세다 하여 기뻐하지 아니하시고, 여호와는 자기를 경외하는 자들과 그의 인자하심을 바라는 자들을 기뻐하시는 도다.
| 시147:10~11 |

무서운 마누라

어느 날 밤, 집으로 돌아가던 김집님이 강도를 만났다.

강도가 칼을 들이대며 말했다.
"난 강도다. 가진 돈 다 내놔!"

김 집사님은 무서웠지만 하나님께서 지켜주실 것을 믿고 담대하게 말했다.
"뭐 돈?… 안 돼! 우리 마누라가 얼마나 무서운지 알아? 내가 집 근처에서 강도한테 돈을 빼앗겼다고 하면 우리 마누라가 나를 가만 놔둘 것 같아?"

강도는 기가 막혀 말이 안 나왔지만, 명색이 강도인지라 그에게 위협적으로 다그쳤다.
"그래서 못 준다 이거야?!"

그래도 김 집사님은 위험을 무릅쓰고 단호하게 말했다.
"못 줘!"

그러자 강도는 김 집사님의 옆구리에 칼을 더욱 바짝 들이대며 말했다.
"야! 그럼 내가 오늘 한 건도 못했다면 우리 마누라는 나를 가만 놔둘 거 같아?!"

Therapy

집사들은 한 아내의 남편이 되어 자녀와 자기 집을 잘 다스리는 자일지니, 집사의 직분을 잘한 자들은 아름다운 지위와 그리스도 예수 안에 있는 믿음에 큰 담력을 얻느니라.
| 딤전3:12~13 |

유식과 무식

유식한 강도는 이렇게 말한다.
"손들고 꼼짝 마!"

그러나 무식한 강도는 이렇게 말한다.
"꼼짝 말고 손들어!"

Therapy

곧 선행으로 어리석은 사람들의 무식한 말을 막으시는 것이라. 너희는 자유가 있으나 그 자유로 악을 가리는 데 쓰지 말고 오직 하나님의 종과 같이 하라.
| 벧전2:15~16 |

돈나무

지방에 사는 어떤 여집사님은 서울에서 대학에 다니고 있는 딸을 두고 있었다. 그런데 그 딸은 돈을 매우 헤프게 썼다.

한 번은 그 여집사님이 딸의 요청에 따라 돈을 부쳐 주면서 부드럽게 나무라기 위해 다음과 같은 쪽지를 보냈다.
"뒷마당의 돈나무에서 잎이 자꾸 떨어지는구나!"

그러자 며칠 뒤, 딸에게서 온 편지의 끄트머리에 이렇게 쓰여 있었다.
"엄마, 그 돈나무에 물 좀 주세요!"

Therapy

우리 아들들은 어리다가 장성한 나무들과 같으며, 우리 딸들은 궁전의 양식대로 아름답게 다듬은 모퉁잇돌들과 같으며, 우리의 곳간에는 백곡이 가득하며, 우리의 양은 들에서 천천과 만만으로 번성하며, 우리 수소는 무겁게 실었으며, 또 우리를 침노하는 일이나 우리가 나아가 막는 일이 없으며, 우리 거리에는 슬피 부르짖음이 없을진대 이러한 백성은 복이 있나니 여호와를 자기 하나님으로 삼는 백성은 복이 있도다.

| 시144:12~15 |

이빨 교정

대학교 1학년인 에스더는 치아가 너무 못생겨서 친구들에게 자주 놀림을 받았다.

견디다 못한 그녀가 엄마에게 졸랐다.
"엄마, 이빨 교정 좀 해줘요. 이빨이 못생겼다고 친구들이 자꾸만 놀린단 말예요."

그러자 엄마가 대답했다.
"얘, 이빨 교정을 하려면 2백만 원도 넘게 들어. 그건 너무 비싸!"

엄마의 말에 에스더는 속이 상해서 이렇게 투덜댔다.
"그럼 어떡해? 이게 다 엄마 때문이야. 엄마가 날 이렇게 낳았잖아!"

그러자 엄마가 던진 한 마디에 에스더는 그만 KO를 당하고 말았다.
"얘, 내가 널 낳았을 땐 이빨이 없었다. 그건 니가 만든 거다!"

Therapy

오직 주께서 나를 모태에서 나오게 하시고, 내 어머니의 젖을 먹을 때에 의지하게 하셨나이다. 내가 날 때부터 주께 맡긴바 되었고, 모태에서 나올 때부터 주는 나의 하나님이 되셨나이다.
| 시22:9~10 |

구원

신학교에 다니는 한 학생이 목사님을 찾아와서 질문을 했다.
"목사님, 왜 꼭 예수님을 믿어야만 구원을 받는 거죠? 다른 종교를 믿는 것은 우상숭배이고, 꼭 예수를 믿어야만 구원을 받는다고 하니 너무 독선적이라는 생각이 들어요."

그러자 목사님이 학생에게 물었다.
"그럼, 내 한 가지 물어보겠네. 3원 곱하기 3원은 몇 원이지?"

학생이 대답했다.
"9원이요!"

목사님이 다시 물었다.
"왜 꼭 9월인가? 그 외엔 답이 없나?"

학생이 너무 시시하다는 듯 대답했다.
"3 곱하기 3은 9니까요. 그러니까 9월이죠!"

그러자 목사님이 이렇게 말했다.
"바로 그걸세. 아직까지 알려진 답은 그것뿐이 없어. 믿음은 그냥 믿는 거야. 은혜이기 때문에!…"

Therapy

믿음은 바라는 것들의 실상이요 보이지 않는 것들의 증거니, 선진들이 이로써 증거를 얻었느니라.
| 히11:1~2 |

학교와 핵교

어느 날 설교 시간에 교인들이 여기저기 졸고 있자, 목사님은 재미있는 얘기를 하나 들려주겠다며 이렇게 말했다.

"여러분들도 아시는지 모르겠지만, 영국 사람들은 세계에서 가장 우수한 언어가 영어와 한글이라고 말합니다. 그리고 프랑스 사람들은 세계에서 가장 우수한 언어가 불어와 한글이라고 말합니다. 그리고 또 러시아 사람들은 세계에서 가장 우수한 언어가 러시아어와 한글이라고 말합니다. 그러니 한글이 진정 세계 최고의 언어입니다.

예를 들어볼까요? 한 번 보세요, 영어에서는 한 획만 틀려도 전혀 다른 말이 돼버립니다. 이를테면 'Boy'는 '소년'이고

'Bay'는 '부두'입니다. 'tall'은 '큰'이란 뜻이고, 'tell'은 '말하다'란 뜻입니다. 그러나 한글은 전혀 그렇지 않습니다. '학교'나 '핵교'나 다 같은 뜻입니다. 다만 '학교'는 '다니는 곳'이고, '핵교'는 '댕기는 곳'이라는 것만 틀릴 뿐입니다. 어때요, 정말 그렇지 않습니까?"

Therapy

내가 그들의 행위와 사상을 아노라. 때가 이르면 뭇 나라와 언어가 다른 민족들을 모으리니 그들이 와서 나의 영광을 볼 것이며, 내가 그들 가운데에서 징조를 세워서 그들 가운데에서 도피한 자를 여러 나라 곧 다시스와 뿔과 활을 당기는 룻과 및 두발과 야완과 또 나의 명성을 듣지도 못하고 나의 영광을 보지도 못한 먼 섬들로 보내리니, 그들이 나의 영광을 뭇 나라에 전파하리라.

| 사66:18~19

에스키모인의 생활

어떤 선교사가 전도를 하기 위해 북극의 한 마을에 들어가서 에스키모인을 만났다.

그는 먼저 원주민들의 생활을 알아야겠기에 추장에게 물었다.
"북극에선 6개월 동안 낮만 계속된다던데, 그땐 뭘 하면서 지내시나요?"

추장이 짧게 대답했다.
"우린 낚시를 하면서 지내요!"

선교사가 다시 물었다.
"그럼, 6개월 동안 밤만 계속 될 땐 뭘 하면서 지내세요?"

그러자 추장이 역시 짧게 대답했다.
"그땐 낚시를 안 해요!"

Therapy

내 말과 내 전도함이 설득력 있는 지혜의 말로 하지 아니하고 다만 성령의 나타나심과 능력으로 하여, 너희 믿음이 사람의 지혜에 있지 아니하고 다만 하나님의 능력에 있게 하려 하였노라.
| 고전2:4~5 |

식인종의 불평

부흥회에 참석하기 위해 한국을 방문한 식인종이 집회 전날 숙소 근처의 공중목욕탕에 갔다.

그런데 사람들이 모두 바닥에 드러누워 쉬고 있었다.

그러자 식인종이 이렇게 투덜댔다.
"어휴 신경질 나! 여기는 죄다 누룽지뿐이네."

Therapy

여호와 앞에 잠잠하고 참고 기다리라. 자기 길이 형통하며 악한 꾀를 이루는 자 때문에 불평하지 말지어다. 분을 그치고 노를 버리며 불평하지 말라. 오히려 악을 만들 뿐이라. 진실로 악을 행하는 자들은 끊어질 것이나 여호와를 소망하는 자들은 땅을 차지하리로다.
| 시37:7~9 |

식인종일보의 특종

백인, 흑인, 황인이 골고루 탄 국제 여객선이 태평양 한 가운데서 폭풍우를 만나 난파당했다.

승객들은 저마다 하나님께 기도하며 구명보트를 타고 가까스로 어느 섬에 도착했는데, 하필 그 섬은 식인종들이 사는 곳이었다.

다음날 아침, 이 섬의 신문 제1면에는 다음과 같은 톱기사가 실렸다.
"백미, 흑미, 현미 다량 확보!"

Therapy
주께서 우리를 다시 살리사 주의 백성이 주를 기뻐하도록 하지 아니하시겠나이까. 여호와여 주의 인자하심을 우리에게 보이시며 주의 구원을 우리에게 주소서.
| 시85:6~7 |

다방 커피

어떤 집사님이 어느 날 커피가 마시고 싶어서 편의점 앞 자판기에 갔다.

그는 자판기 앞에서 밀크커피, 설탕커피, 블랙커피 중 어느 것을 마실까 망설이다가 맨 끝에 다른 메뉴가 하나 더 있는 것을 발견했다.
"엥, 다방커피? 이게 뭐지?"

그는 '이건 맛이 좀 다른가? 가격이 천원이니 당연히 맛도 다르겠지. 이거나 한 잔 마셔볼까?'하면서 자판기에 천원을 넣고 버튼을 눌렀다.

그러자 '철커덕!' 컵이 떨어지고 '쉬~익' 소리가 나면서 커피가 채워졌다.

그런데 커피를 꺼내 한 모금 마셔보니 맛은 밀크커피랑 똑같았다.
"엥, 이게 뭐야? 맛이 밀크커피랑 똑 같잖아. 에이 속았네!"

그러자 그가 투덜거리는 순간, 자판기에서 다음과 같은 아가씨의 나긋한 목소리가 흘러 나왔다.
"사당님~ 고마워용. 저도 한 잔 마실 게~용"

Therapy

내 사랑하는 자의 목소리로구나. 보라, 그가 산에서 달리고 작은 산을 빨리 넘어오는구나. 내 사랑하는 자는 노루와도 같고 어린 사슴과도 같아서 우리 벽 뒤에 서서 창으로 들여다보며 창살 틈으로 엿보는구나. 나의 사랑하는 자가 내게 말하여 이르기를 나의 사랑, 내 어여쁜 자야 일어나서 함께 가자. 겨울도 지나고 비도 그쳤고 지면에는 꽃이 피고 새가 노래할 때가 이르렀는데, 비둘기의 소리가 우리 땅에 들리는구나.
| 아2:8~12 |

중국집 남자의 축약어

김 집사님은 주일예배가 끝나자 박 집사님과 함께 점심을 먹으러 중국집으로 갔다. 그는 우동을 시키고 박집사님은 짜장면을 시켰다.

그러자 주문을 받은 중국집 남자가 주방에다 대고 큰 소리로 이렇게 말했다.
"우 짜~"

그랬더니 잠시 후, 우동과 짜장이 한 그릇씩 나왔다.

그들이 우동과 짜장을 한참 맛있게 먹고 있을 때, 손님 일곱 명이 한꺼번에 우르르 들어왔다. 그들은 자리에 앉자마자 우동 세 개와 짜장 네 개를 시켰다.

그러자 중국집 남자는 이번엔 주방 쪽에 대고 큰 소리로 이렇게 외쳤다.
"우짜, 우짜, 우짜짜~"

그랬더니 잠시 후, 그들이 주문한 것들이 정확하게 나왔다.

김 집사님은 속으로 '와, 대단한 커뮤니케이션이군!'하고 감탄했다.

그런데 잠시 후, 이번엔 손님 스무 명 정도가 단체로 한꺼번에 왕창 몰려왔다. 주방 앞쪽에 자리를 잡은 그들은 주문도 가지각색이었다. 짜장 3개, 우동 2개, 짬뽕 3개, 군만두 4개, 탕수육 2개 등등… 아무튼 엄청 복잡했다.

그래서 김 집사님은 중국집 남자가 그것을 어떻게 처리하나 유심히 지켜봤다.

그랬더니 그는 주방을 향해 이렇게 소리쳤다.
"야, 니도 들었제?"

Therapy

이와 같이 너희도 혀로써 알아듣기 쉬운 말을 하지 아니하면 그 말하는 것을 어찌 알리요. 이는 허공에다 말하는 것이라. 이같이 세상에 소리의 종류가 많으나 뜻 없는 소리는 없나니, 그러므로 내가 그 소리의 뜻을 알지 못하면 내가 말하는 자에게 외국인이 되고 말하는 자도 내게 외국인이 되리니. 그러므로 너희도 영적인 것을 사모하는 자인즉 교회의 덕을 세우기 위하여 그것이 풍성하기를 구하라.
| 고전14:9~12 |

그냥 웃기

〈선녀와 나무꾼〉 바이블 버전

어느 날, 하늘나라의 한 선녀가 천상에서 〈선녀와 나무꾼〉 이야기를 읽고, 그녀도 지구의 천지연폭포에 목욕을 하러 내려와 나무꾼이 옷 훔쳐가기만을 기다렸더라.

그러나 온종일 목욕을 하면서 기다려도 나무꾼은 나타나지 아니하고 해가 서산에 기우매, 더 이상 기다릴 수 없게 된 선녀는 다시 옷을 챙겨 입고 나무꾼을 찾아 나섰더라.

그녀가 길을 물어물어 나무꾼의 집에 도착하여 초인종을 누를 새, 나무꾼이 아직 잠이 덜 깬 얼굴로 눈을 비비며 나타나는지라,

화가 난 선녀가 나무꾼에게 호통을 쳐 이르되 '야, 넌 〈나무꾼과 선녀〉란 동화책도 안 읽어봤냐? 지금이 어느 땐데 잠이나 자고 있는 거냐? 니가 옷을 감춰야 얘기가 제대로 되는 거 아냐?' 하거늘,

선녀의 호통에 어안이 벙벙해진 나무꾼이 떨떠름한 목소리로 대답하여 이르되 '저는 〈선녀와 나무꾼〉의 나무꾼이 아니라, 〈금도끼 은도끼〉의 나무꾼인데요!' 하였더라.

그러자 하나님께서 이 재밌는 광경을 다 지켜보시고 웃으면서 이르시되, '허허, 선녀는 내비게이션이 없어서 번지수를 잘못 찾았구나!' 하시니, 천상의 백성들도 지상의 백성들도 모두 크게 따라 웃더라.

Therapy

우리가 다 실수가 많으니 만일 말에 실수가 없는 자라면 곧 온전한 사람이라 능히 온 몸도 굴레 씌우리라.
| 약3:2 |

농사와 기도

도시에서 나고 자란 어떤 목사님이 농촌 교회에 새로 부임했다. 그런데 그 동네는 오랜 동안 가뭄이 들어서 농사에 많은 어려움을 겪고 있었다.

어느 날, 한 농부가 목사님을 찾아와서 농사를 위해 비가 내리도록 기도해 달라고 요청했다.

목사님은 농부의 요청에 따라 엘리야처럼 간절히 기도했고, 그 덕분인지 얼마 지나지 않아 정말 비가 내리기 시작했다.

그런데 문제는 비가 너무 많이 와서 오히려 농사가 엉망이 되고 만 것이었다.

그러자 다른 한 농부가 목사님께 기도를 부탁했던 그 농부에게 말했다.

"그러니까 내가 뭐랬나? 그런 기도는 농사일에 대해 잘 모르는 목사님한텐 부탁해선 안 된다고 그랬잖아!"

Therapy

엘리야는 우리와 성정이 같은 사람이로되, 그가 비가 오지 않기를 간절히 기도한즉 삼 년 육 개월 동안 땅에 비가 오지 아니하고, 다시 기도하니 하늘이 비를 주고 땅이 열매를 맺었느니라.
| 약5:17~18

황소를 위한 기도

어느 시골 교회에서 주일날 아침에 목사님이 예배를 시작하기 전에 한 교인으로부터 농장 주인을 위한 기도를 추가해 달라는 요청을 받았다. 에덴농장 주인은 자기 집 황소의 뿔에 받혀 입원해 있다는 것이었다.

목사님은 에덴농장 주인이 베드로와 같이 다혈질 성격의 소유자임을 잘 알고 있었다.

그래서 목사님은 먼저 몇 가지 기도를 한 후에 이어서 농장 주인을 위해 이렇게 기도했다.

"황소의 뿔에 받혀 병원에 입원중인 우리의 사랑하는 형제님이 있습니다. 그의 쾌유를 위해 기도합니다. 그리고 우리의 형제가 장차 퇴원해서 무슨 짓을 할지 우리는 잘 알기 때문에 그 집 황소를 위해서도 기도해야합니다."

Therapy

마음이 상한 자에게 노래하는 것은 추운 날에 옷을 벗음 같고, 소다 위에 식초를 부음 같으니라. 네 원수가 배고파하거든 음식을 먹이고 목말라하거든 물을 마시게 하라. 그리 하는 것은 핀 숯을 그의 머리에 놓는 것과 일반이요, 여호와께서 네게 갚아 주시리라.
| 잠25:20~22 |

마지막 번호

어느 교회 사무실에서 전도사님이 캐비닛을 열려고 하는데 갑자기 번호가 생각나지 않았다.

왼쪽으로 두 번, 오른쪽으로 두 번, 그리고 다시 왼쪽으로 한 번 돌려서 여는 캐비닛이었는데 마지막 번호가 생각나지 않았다.

그래서 전도사님은 목사님께 여쭤보았다.
"목사님, 캐비닛 다이얼 마지막 번호가 몇 번이죠?"

그러자 목사님도 기억나지 않는지 한동안 생각하다가 위를 쳐다보고 뭔가 중얼 거렸다. 그리고 나서 캐비닛 앞으로 다가가 번호를 맞추니 캐비닛이 철커덕 열렸다.

전도사님이 신기해서 목사님께 다시 여쭤보았다.
"목사님, 무슨 기도를 하신 거죠? 하나님께서 번호를 가르쳐 주시던가요?"

그러자 목사님이 웃으면서 대답했다.
"저기 천정에 번호가 적혀 있잖아요!"

Therapy

하늘에 계시는 주여, 내가 눈을 들어 주께 향하나이다. 상전의 손을 바라보는 종들의 눈 같이, 여주인의 손을 바라보는 여종의 눈 같이 우리의 눈이 여호와 우리 하나님을 바라보며 우리에게 은혜 베풀어 주시기를 기다리나이다.
| 시123:1~2

목사와 목사님

해외 출장이 잦은 목사님 한 분이 있었다. 그 목사님은 공항에서 출국할 때마다 출국신고서 직업란에 항상 '목사님'이라고 적었다.

그날도 그 목사님이 출국하게 되었는데, 역시 직업란에 '목사님'이라고 적어 공항 직원에게 내밀었다.

공항 직원은 속으로 좀 못마땅하게 생각하면서 목사님에게 물었다.
"아니, 목사님은 지난달 출국할 때도 뵈었는데 직업란에 꼭 '목사님'이라고 쓰시네요. 그냥 '목사'라고 쓰면 안 되나요?"

그러자 그 목사님이 이렇게 대답했다.
"스님들도 그냥 '스'라고만 쓰는 건 아니잖아요!"

Therapy

너희는 세상의 소금이니 소금이 만일 그 맛을 잃으면 무엇으로 짜게 하리요, 후에는 아무 쓸 데 없어 다만 밖에 버려져 사람에게 밟힐 뿐이니라.
| 마5:13 |

잘못 불리어진 하나님

나발이 은혜교회 대표로 영어웅변대회에 출전했다.

나발은 지도 선생님과 함께 무대 뒤에서 혀에 버터를 잔뜩 바르고 발음연습을 하면서 긴장을 풀었다.

지도 선생님은 다시 한 번 나발에게 주의를 줬다.
"나발아, 영어에서 G는 기역 발음을 하는 거니까 조심해야 해. Give는 지브가 아니라 기브야. 알았지?"

그러자 나발이 자신 있게 대답했다.
"옛 설!"

드디어 나발 차례가 되어 단상 앞에 나간 그는 청중들을 향해 멋있게 말문을 열었다.

"에~ 레이디스 앤 겐틀맨!"

사람들이 웅성거리자 지도 선생님이 무대 뒤에서 얼른 속삭였다.
"야, 나발아! 아무거나 기역 발음을 하면 어떡해? 그럴 때는 지읒으로 발음해야지."

그제야 실수를 알아차린 나발이 마이크에 대고 다음과 같이 탄식했다.
"오, 마이 잦!"

무대 뒤의 지도 선생님이 자기도 모르게 중얼거렸다.
"오, 나의 하자님!"

Therapy

여호와여 내 혀의 말을 알지 못하시는 것이 하나도 없으시니이다.
주께서 나의 앞뒤를 둘러싸시고 내게 안수하셨나이다.
| 시139:4~5 |

왼팔 오른팔

주일학교 유치부 교실에서 목사님이 아이들에게 새로 임명된 여선생님을 소개하려는데, 아이들이 너무 떠드는 바람에 제대로 말을 할 수가 없었다.

그래서 목사님은 아이들을 향해 큰 소리로 이렇게 말했다.
"여기 이 분은 왼쪽 팔이 하나 밖에 없습니다!"

그러자 그 순간, 아이들은 물을 끼얹은 듯 조용해졌고 신임 여선생님도 당황했다.

그때 목사님은 호흡을 가다듬고 이렇게 말을 이었다.
"그리고 오른쪽 팔도 하나 밖에 없습니다!"

Therapy
미쁘다 이 말이여, 곧 사람이 감독의 직분을 얻으려 함은 선한 일을 사모하는 것이라 함이로다.
| 딤전3:1 |

한나의 대답

주일학교 여선생님이 유치부 아이들에게 주의를 줬다.
"여러분, 조금 있다가 목사님이 오실 거예요. 여러분이 그동안 무엇을 배웠는지 물어보실 건데 그때 당황하지 말고 배운 대로 잘 대답하세요."

아이들이 일제히 힘차게 대답했다.
"네, 선생님!"

아이들의 자신 있는 대답에 기분이 좋아진 선생님은 맨 앞에 앉은 요한이에게 말했다.
"요한아, 만약 목사님이 '너는 누가 창조했지?'하고 물으시면 '하나님이요'하고 대답하는 거야. 알겠지?"

요한이는 고개를 끄덕였다. 그런데 갑자기 화장실이 가고 싶어진 요한이가 선생님께 말했다.
"선생님, 화장실 가고 싶어요."

선생님은 시계를 보면서 말했다.
"그래? 그럼 목사님 오시기 전에 얼른 다녀 오너라."

그런데 요한이가 화장실로 달려갔을 즈음, 목사님이 들어오셨다. 아이들과 인사를 나눈 목사님이 맨 앞에 앉은 한나에게 물었다. "애야, 너는 누가 창조했지?"

그러자 한나가 대답했다.
"우리 엄마하고 아빠가요."

목사님이 다시 물었다.
"그래?… 하나님이 창조하신 게 아니고?"

그러자 한나가 대답했다.
"하나님이 창조하신 애는 지금 화장실에 갔어요!"

Therapy
비에게 아비가 있느냐. 이슬방울은 누가 낳았느냐. 얼음은 누구의 태에서 났느냐. 공중의 서리는 누가 낳았느냐.
| 욥38:28~29 |

하나님의 선택

어떤 노처녀가 매일 새벽 교회에 나와 열심히 기도했다. 그러자 그 모습을 갸륵하게 여긴 하나님께서 노처녀에게 말했다.
"요즘은 불황이라 나도 여러 가지 소원은 들어줄 수 없다만, 네 모습이 갸륵하여 한 가지 소원만은 들어줄 테니 말해 보거라."

그러자 노처녀가 얼른 손을 모으고 기도하는 자세로 하나님께 요청했다.
"하나님, 이 나라 정치인들이 화합할 수 있게 해 주세요. 국회에서 여당, 야당이 싸우지 않았으면 좋겠습니다."

그러자 노처녀의 소원을 들은 하나님께서 이렇게 말씀하셨다.
"딸아, 거기는 벌써 수십 년 째 지긋지긋하게 싸우고 있어서 나도 어떻게 할 수가 없구나. 그러니 다른 소원을 말해 보거라."

노처녀는 여전히 무릎을 꿇은 자세로 이번엔 자기 자신을 위한 소원을 말했다.

"하나님, 사실 저는 여태껏 제대로 된 남자를 만나지 못했어요. 잘생기고, 돈 많고, 마음 넓고, 여자 말 잘 들어주고, 힘도 센 그런 남자를 제게 보내주세요."

그러자 노처녀의 소원을 들은 하나님께서 즉시 이렇게 말씀하셨다.

"아이구 얘야, 아까 국회라고 했느냐? 내가 거기 어떻게 해보마!"

Therapy

이르되 네가 어려운 일을 구하는 도다. 그러나 나를 네게서 데려가시는 것을 네가 보면 그 일이 네게 이루어지려니와 그렇지 아니하면 이루어지지 아니하리라 하고, 두 사람이 길을 가며 말하더니 불수레와 불말들이 두 사람을 갈라놓고 엘리야가 회오리바람으로 하늘로 올라가더라.
| 왕하2:10~11

어느 노처녀의 기도

혼기가 꽉 찬 어떤 노처녀가 하나님께 기도드렸다.
"하나님, 이제 제 나이가 꽤 됐걸랑요. 그러니 값이 더 떨어지기 전에 좋은 신랑감 좀 보내주시와요."

그러나 아무리 열심히 기도를 드려도 하나님으로부터 아무런 응답이 없었다.

그래서 그녀는 그 답답함을 친구에게 말했다. 그랬더니 친구가 이렇게 충고했다.

"얘, 그렇게 기도해선 안 돼. 자기 자신을 위해 기도하지 말고 남을 위해 기도해봐. 그럼 응답이 있을 거야."

친구의 충고를 들은 노처녀는 다음날 아침 교회에 나가 이렇게 기도했다.

"하나님, 우리 엄마가 올드미스 딸을 시집보내야 하걸랑요. 그러니 좋은 사윗감 좀 한 명 보내주시와요!"

Therapy

여호와여, 내 기도를 들으시고 나의 부르짖음을 주께 상달하게 하소서. 나의 괴로운 날에 주의 얼굴을 내게서 숨기지 마소서. 주의 귀를 내게 기울이사 내가 부르짖는 날에 속히 내게 응답하소서.
| 시102:1~2

과거형과 현재형

교회 유치부에서 젊은 여선생님이 아이들에게 물었다.
"여러분, '나는 공주였다'는 과거형이죠?"

아이들이 일제히 대답했다.
"네!"

여선생님이 아이들에게 다시 물었다.
"그럼, '나는 공주다'는 뭐죠?"

그러자 아이들이 일제히 큰 소리로 대답했다.
"착각요!"

Therapy

또 그들이 나를 향하여 입을 크게 벌리고 하하 우리가 목격하였다 하나이다. 여호와여 주께서 이를 보셨사오니 잠잠하지 마옵소서. 주여 나를 멀리하지 마옵소서. 나의 하나님, 나의 주여 떨치고 깨셔서 나를 공판하시며 나의 송사를 다스리소서.
| 시35:21~23 |

죄와 착각

어떤 아가씨가 무릎을 꿇고 하나님께 기도를 드렸다.
"하나님, 저는 아주 큰 죄를 지었어요. 저를 용서해 주세요!"

그러자 하늘로부터 거룩한 음성이 들려왔다.
"사랑하는 딸아, 무슨 죄를 지었는지 말해 보거라~"

아가씨가 여전히 무릎을 꿇은 자세로 고백했다.
"하나님, 저는 교만한 여자예요. 저는 거울을 볼 때마다 제가 너무 예쁘다는 생각을 했거든요."

그러자 하늘에서 다시 거룩한 음성이 들려왔다.
"얘야, 그건 죄가 아니라 착각 이니라!~"

Therapy

우리의 아름다운 지체는 그럴 필요가 없느니라. 오직 하나님이 몸을 고르게 하여 부족한 지체에게 귀중함을 더하사, 몸 가운데서 분쟁이 없고 오직 여러 지체가 서로 같이 돌보게 하셨느니라.
| 고전12:24~25

거울

공주병 아가씨가 거울에게 물었다.
"거울아 거울아, 이 세상에서 누가 제일 예쁘니?"

그러자 거울이 대답했다.
"울렁거린다. 그만 좀 해라!"

지나가던 예수님이 창문 너머로 이걸 보시고 한마디 하셨다.
"그거 참 재밌네!"

Therapy

누구든지 말씀을 듣고 행하지 아니하면 그는 거울로 자기의 생긴 얼굴을 보는 사람과 같아서, 제 자신을 보고 가서 그 모습이 어떠했는지를 곧 잊어버리거니와, 자유롭게 하는 온전한 율법을 들여다보고 있는 자는 듣고 잊어버리는 자가 아니요 실천하는 자니 이 사람은 그 행하는 일에 복을 받으리라.
| 약1:23~25 |

어느 아줌마의 착각

아줌마 한 분이 바쁘게 골목길을 가고 있었다.

그때 뒤쪽 저 멀리서 어렴풋이 할머니의 외치는 소리가 들려왔다.
"같이 가 처녀!~"

아줌마가 뒤를 돌아보았지만 자기 이외에는 어느 처녀도 보이지 않았고, 다만 저만치서 머리에 보따리를 인 할머니 한 분이 힘겹게 걸어오면서 또 외치고 있었다.
"같이 가 처녀!~"

아줌마는 속으로 '자신이 비록 나이는 40이 넘었지만 평소 몸매 관리를 잘 한 덕분에 처녀 소리까지 다 듣는구나' 하고 생각하니 기분이 좋아져서, 그 자리에 서서 할머니를 기다렸다. 기분이 좋으니 웬만하면 할머니의 보따리를 들어줄 참이었다.

그런데 어느 정도 가까이 다가온 할머니의 외침을 자세히 들어보니 이렇게 외치고 있었다.
"갈치가 천원!~"

Therapy

예수께서 대답하여 이르시되 너희가 성경도 하나님의 능력도 알지 못하는 고로 오해하였도다. 부활 때에는 장가도 아니 가고 시집도 아니 가고 하늘에 있는 천사들과 같으니라.
| 마22:29~30 |

베드로의 실수

어떤 40대 부인이 심장마비를 일으켜 병원 응급실로 실려 왔다.

응급처치를 받는 동안 사망 직전에 이른 그녀는 저승 문지기 베드로에게 물었다.
"베드로님, 지상에서의 제 인생은 이제 끝난 건가요?"

그러자 베드로가 기록을 살펴본 다음 대답했다.
"아직 여기 올 때가 안 되었구나. 앞으로 40년 더 남았느니라."

그녀는 너무나 기뻤다. 이렇게 해서 되살아난 그녀는 다시 찾은 인생을 그냥 그렇게 보낼 수는 없었다.

그래서 남은 인생을 즐기기 위해, 이왕 입원한 김에 얼굴을 성형한데 이어 몸매도 날씬하게 만들어 퇴원했다.

하지만 불행히도 그녀는 병원을 나서는 순간 그만 차에 치어 즉사하고 말았다.

다시 저승으로 간 그녀는 너무나 억울해서 베드로에게 막 항의했다.
"뭐예요! 앞으로 40년 더 남았다면서 왜 저를 부르신 거죠?"

그러자 베드로가 매우 미안해하면서 대답했다.
"아이구, 정말 미안하게 됐구나. 그대가 성형을 해서 못 알아봤느니라!"

Therapy

너희 하나님 여호와께서 너희에게 명령하신 모든 도를 행하라. 그리하면 너희가 살 것이요 복이 너희에게 있을 것이며, 너희가 차지한 땅에서 너희의 날이 길리라.
| 신5:33 |

유머로 읽는 성격 유형별 기도문

- 소심 형 : 주여, 제가 사소한 것에 연연하는 사람이 되지 않게 해주소서. 그리고 내일 아침 6시 41분 23초에 스스로 일어날 수 있도록 해주시고, 침대 정리나 휴지통 비우는 것 등은 다음날로 미룰 수 있도록 해 주소서.

- 성급 형 : 주여, 저에겐 인내가 필요합니다. 제게 인내를 주소서. 그런데 이왕 주시려거든 지금 당장 주소서.

- 완벽주의자 형 : 주여, 제가 완벽주의자가 되지 않도록 해 주소서. 그런데 지금 제가 철자를 제대로 썼나요?

- 안하무인 형 : 주여, 항상 저의 권리를 주장할 수 있도록 해 주소서. 그리고 제가 부탁드리는 것은 너무 신경 쓰지 마세요. 제가 갈 길은 그냥 제가 알아서 가게 내버려 두시기 바랍니다.

- 세상 짝사랑 형 : 주여, 제가 이 세상의 많은 것들을 좀 더 진지하게 받아들일 수 있도록 해주소서. 특히 미팅이나 회식이나 춤추는 것 등을 좀 더 잘 할 수 있도록 도와주세요.

- 사업가 형 : 주여, 제가 자꾸 일을 저지르지 않도록 도와주소서. 하지만 주님이 바쁘시면 말씀만 하세요. 제가 즉시 출동하겠습니다.

Therapy

너는 기도할 때에 네 골방에 들어가 문을 닫고 은밀한 중에 계신 네 아버지께 기도하라. 은밀한 중에 보시는 네 아버지께서 갚으시리라. 또 기도할 때에 이방인과 같이 중언부언하지 말라. 그들은 말을 많이 하여야 들으실 줄 생각하느니라.
| 마 6:6~7

2장

'굿 후모르' 상태일 때
가장 힘이 솟고
웃음이 나오며
기분이 좋아진다

후모르(humor)

유머(humor)의 어원은 라틴어로 '체액(體液)'을 뜻하는 말 '후모르(humor)'이다. 고대 서양 의학계에서는 인간의 체내에 몸과 마음 상태를 조절하는 네 가지 체액이 있다고 믿었는데, 혈액(blood)과 담즙(choler)과 점액(phlegm)과 흑담즙(black bile)이 그것이다.

그들은 혈액은 자신감과 관련이 있고, 담즙은 성급함과 관련이 있고, 점액은 무기력감과 관련이 있고, 흑담즙은 우울함과 관련이 있다고 보았다. 그리고 이 네 가지 체액의 조화로운 균형 상태를 '굿 후모르(good humor)'라고 불렀다. 인간이 '굿 후모르' 상태일 때 가장 힘이 솟고 웃음이 나오며 기분이 좋아진다고 본 것이다.

그러다 16~18세기에 들어와 셰익스피어를 비롯한 일부 극작가들이 인간의 '후모르'에 관심을 갖게 되었고, 그들은 연극과 문학을 통해 인간의 체액 중 좋은 것만을 자극하여 사람들을 유쾌하게 하려는 시도를 하였다. 이때부터 '체액'을 뜻하는 '후모르(humor)'가 '남을 웃게 하는 말이나 행동'을 가리키는 용어로 쓰이기 시작했다.

임금님의 민생시찰

웃음나라 임금님께서 평민으로 변장을 한 다음, 나발을 데리고 민생을 살피러 나갔다.

임금님과 나발은 먼저 주막집에 들렀다. 나발이 주막집 문을 밀고 들어서며 소리쳤다.
"이리 오너라! 이리 오너라!"

그러자 주막집 딸이 방문을 열고 나오면서 말했다.
"아이구, 왜 자꾸 귀찮게 부르세요?"

그때 뒤따라 나온 그녀의 어머니가 딸을 나무라며 말했다.
"애야, 내가 뭐라고 가르쳤니? 손님은 왕이랬잖아!"

그러자 나발이 뒤를 돌아보며 임금님께 아뢰었다. "
임금님, 들켰습니다!"

Therapy

내 마음이 좋은 말로 왕을 위하여 지은 것을 말하리니, 내 혀는 글 솜씨가 뛰어난 서기관의 붓끝과 같도다. 왕은 사람들보다 아름다워 은혜를 입술에 머금으니 그러므로 하나님이 왕에게 영원히 복을 주시도다.
| 시45:1~2

조상신들의 신세타령

추석 때, 쫄쫄 굶은 조상신 셋이 모여 신세 한탄을 했다.

첫 번째 조상신이 말했다.
"추석날 제사 음식 먹으러 후손 집에 가보니, 아 글쎄 이것들이 교통체증 때문이라며 저희들끼리 편한 시간에 모여서 벌써 차례를 다 지내버렸지 뭔가."

두 번째 조상신이 말했다.
"자넨 그래도 나보다 낫군. 나는 후손 집에 가보니 집이 텅텅 비었더라구. 알고 보니 이놈들이 모두 해외여행을 가서 거기서 차례를 지냈다지 뭔가."

그러자 세 번째 조상신이 말했다.
"난 말이야, 아예 후손 집에 가지도 못했어."

다른 조상신들이 물었다.
"왜?"

세 번째 조상신이 대답했다.
"후손들이 인터넷인가 뭔가로 제사를 지낸다면서, 힘들게 올 필요 없이 편하게 근처 PC방으로 가면 된다기에 그리로 갔지."

다른 조상신들이 물었다.
"그래서 인터넷으로라도 제사상을 받았나?"

세 번째 조상신이 대답했다.
"말도 말게, 먼저 회원가입을 해야 된다잖아. 그런데 귀신이 주민등록번호가 있어야 회원가입을 하지. 그래서 그냥 왔어!"

Therapy

그러므로 우리는 예수로 말미암아 항상 찬송의 제사를 하나님께 드리자. 이는 그 이름을 증언하는 입술의 열매니라. 오직 선을 행함과 서로 나누어 주기를 잊지 말라. 하나님은 이 같은 제사를 기뻐하시느니라.
| 히13:15~16 |

시험 범위

어느 의대생이 해부학 시험을 앞두고 실험실에서 밤늦게까지 열심히 공부하고 있었다.

그런데 밤 12시 정각이 되자 갑자기 해부용 시체가 벌떡 일어나더니 자기 팔을 뚝 떼어 주면서 말했다.
"학생, 이걸로 공부해!"

학생은 너무 놀라 엉겁결에 무작정 도망을 쳤다.

그러나 시체는 금방 학생을 따라 잡아, 이번엔 자기 다리를 뚝 떼어 주면서 말했다.
"학생, 이걸로 공부해!"

새파랗게 질린 학생은 시체가 내미는 한쪽 다리를 뿌리치고 온 힘을 다해 도망을 치면서 뭐라고 소리쳤다.

그러자 뒤따라오던 시체가 그 자리에 풀썩 누워버렸다. 학생은 뭐라고 소리친 것일까?…

그는 이렇게 소리쳤던 것이다.
"그 부위는 시험 범위가 아닌데요!"

Therapy

너는 갑작스러운 두려움도 악인에게 닥치는 멸망도 두려워하지 말라. 대저 여호와는 네가 의지할 이시니라. 네 발을 지켜 걸리지 않게 하시리라.
| 잠3:25~26 |

김 집사님의 사투리

주일 예배가 끝난 뒤, 이 집사님은 박 집사님과 함께 점심을 먹으러 교회 근처의 식당으로 갔다. 오랜만에 만난 두 사람은 설렁탕을 시켜놓고 한참 동안 이런저런 얘기를 나누었다.

그러다 경상도 사투리가 심한 이집사님이 갑자기 큰소리로 식당 아줌마를 불렀다.
"아지매, 대파 주이소!"

경상도 사나이들은 평상시에도 목소리가 워낙 큰지라, 식당 아줌마는 좀 못마땅한 표정으로 대파를 한 움큼 썰어서 접시에 담아 그에게 갖다 주었다.

그런데 잠시 후에 이 집사님이 또 아주머니를 불렀다.
"그기 아이고, 대파 주라이까예!"

그러자 식당 아줌마가 짜증난 목소리로 말했다.
"대파 드렸잖아요!"

순간, 당황한 이 집사님이 또박또박 천천히 말했다.
"아 지 매! 그기 아이고 예, 데와~ 주이소."

Therapy

주 여호와께서 학자들의 혀를 내게 주사 나로 곤고한 자를 말로 어떻게 도와 줄 줄을 알게 하시고 아침마다 깨우치시되 나의 귀를 깨우치사 학자들 같이 알아듣게 하시도다.
| 사50:4 |

저작권

어떤 목사님이 교회 창립일을 맞아 성도들에게 특별한 선물을 주고 싶었다. 그래서 그는 '사랑합니다'라는 말을 9천번 반복해서 쓴 책을 만들었다.

그런 다음 그 책 한권을 저작권 심의위원회에 보내 저작권 신청을 했다.

그러나 저작권 심의위원회는 처음부터 끝까지 한 가지 문장만 반복해서 쓴 책은 저작권 보호를 할 수 없다며 그의 신청을 거절했다.

그러자 목사님은 저작권 심의위원회의 연락을 받고 흡족한 미소를 지으며, 다음날부터 성도들을 만날 때마다 이렇게 말했다.

"성도님, 이제 '사랑합니다'라는 말을 원하는 만큼 마음껏 사용하세요. 그 말에는 저작권이 없습니다!"

Therapy

내가 사람의 방언과 천사의 말을 할지라도 사랑이 없으면 소리 나는 구리와 울리는 꽹과리가 되고, 내가 예언하는 능력이 있어 모든 비밀과 모든 지식을 알고 또 산을 옮길 만한 모든 믿음이 있을지라도 사랑이 없으면 내가 아무 것도 아니요, 내가 내게 있는 모든 것으로 구제하고 또 내 몸을 불사르게 내줄지라도 사랑이 없으면 내게 아무 유익이 없느니라.

| 고전13:1~3

시험

어떤 사업가가 교회를 찾아와서 목사님에게 물었다.
"목사님, 제가 만약 교회에 천만 원을 헌금하면 하나님으로부터 구원을 받을 수 있을까요?"

그러자 목사님이 즉각 대답했다.
"그거 한번 시험해 봅시다!"

Therapy

만군의 여호와가 이르노라. 너희의 온전한 십일조를 창고에 들여 나의 집에 양식이 있게 하고, 그것으로 나를 시험하여 내가 하늘 문을 열고 너희에게 복을 쌓을 곳이 없도록 붓지 아니하나 보라.

| 말3:10 |

목사님의 믿음 테스트

서울에 사는 어떤 목사님이 골방에 들어가 열심히 기도해서 성령 충만함을 느낀 나머지 자신의 믿음이 얼마나 강한지 테스트해 보고 싶었다.

그래서 생각해 낸 것이 예수님의 말씀 '내가 진실로 너희에게 이르노니 누구든지 이 산더러 들리어 바다에 던져지라 하며 그 말하는 것이 이루어질 줄 믿고 마음에 의심하지 아니하면 그대로 되리라'였다.

그리하여 목사님은 옥상에 올라가 북한산을 향해 명령했다. "북한산아, 예수님의 이름으로 명하노니 들려서 인천 앞바다에 빠지거라!"

하지만 목사님이 아무리 명령해도 북한산은 꼼짝도 하지 않았다.

그래서 그는 다시 골방에 들어가 기도하면서 하나님께 여쭤보았다.
"하나님, 어찌하여 말씀대로 안 이루어집니까? 아직 제 믿음이 부족한 건가요?"

그러자 갑자기 하늘로부터 하나님의 커다란 음성이 들려왔다.
"니가 북한산을 인천 앞바다에 빠뜨려서 뭐하려고?!…"

Therapy

너희가 맛사에서 시험한 것 같이 너희의 하나님 여호와를 시험하지 말고, 너희의 하나님 여호와께서 너희에게 명하신 명령과 증거와 규례를 삼가 지키며, 여호와께서 보시기에 정직하고 선량한 일을 행하라. 그리하면 네가 복을 받고 그 땅에 들어가서 여호와께서 모든 대적을 네 앞에서 쫓아내시겠다고 네 조상들에게 맹세하신 아름다운 땅을 차지하리니 여호와의 말씀과 같으니라.
| 신6:16~18

존재와 현상

어느 교회의 목사님이 골방에 들어가 기도하면서 하나님께 진지하게 여쭤보았다.
"하나님, 하나님은 진짜로 존재하시는 겁니까?"

그러자 하나님께서 물으셨다.
"너는 지금 누구한테 질문을 하는 거냐?"

목사님이 대답했다.
"하나님한테요!"

하나님께서 다시 물으셨다.
"그럼 내가 누구냐?"

목사님이 대답했다.
"하나님이요!"

그러자 하나님께서 말씀하셨다.
"아이구, 너 내일 설교 준비는 다 했냐?"

Therapy

믿음은 바라는 것들의 실상이요 보이지 않는 것들의 증거니. 선진들이 이로써 증거를 얻었느니라. 믿음으로 모든 세계가 하나님의 말씀으로 지어진 줄을 우리가 아나니 보이는 것은 나타난 것으로 말미암아 된 것이 아니니라.
| 히11:1~3

믿음 좋은 아가씨

일요일 아침, 어떤 아가씨가 늦잠을 자는 바람에 교회에 갈 시간이 늦었다.

그녀는 허둥지둥 옷을 차려입고 집을 나와 교회를 향해 뛰어 가면서 계속 기도했다.
"하나님, 제발 늦지 않게 해주세요! 하나님, 제발 늦지 않게 해주세요!…"

그런데 교회에 도착한 그녀는 급히 계단을 뛰어 올라가다가 그만 넘어지고 말았다.

그러자 그녀는 하늘을 올려다보며 이렇게 말했다.
"뭐예요? 그렇다고 저를 미실 것 까지는 없잖아요!"

Therapy

이는 네 속에 거짓이 없는 믿음이 있음을 생각함이라. 이 믿음은 먼저 네 외조모 로이스와 네 어머니 유니게 속에 있더니 네 속에도 있는 줄을 확신하노라.
| 딤1:5 |

아멘의 위력

믿음이 좋은 어떤 어머니에게 3대 독자인 아들이 있어 장가를 갔는데 불신자인 며느리가 들어왔다.

어쨌든 시어머니는 손자 볼 생각에 들떠 있었지만, 몇 년이 지나도록 며느리는 임신을 하지 못했고, 안타까움만 더해갔다.

그러던 어느 날, 시어머니는 조심스레 며느리에게 교회에 나가 하나님께 기도해 보자고 제의했다.

그렇게 해서 시어머니는 며느리를 데리고 교회에 나가 열심히 기도했으나, 그래도 임신의 기미는 보이지 않았다.

애가 탄 시어머니와 며느리는 하는 수 없이 이번엔 목사님의 안수기도를 받아 보기로 했다.

며칠 후, 시어머니와 며느리가 날을 잡아 교회에 나가 안수 기도를 받는데, 목사님이 온 힘을 다해 신령과 진정으로 기도를 했다.

그러나 불신자인 며느리는 기도를 받을 때 어떻게 하는지 몰라 꿀 먹은 벙어리처럼 묵묵히 앉아있기만 했다.

그러자 옆에 있던 시어머니가 안타까운 나머지 며느리를 대신해서 '아멘! 아멘!' 하고 목사님의 기도에 화답했다.

그로부터 몇달 후, 며느리는 임신이 안 되고 시어머니가 임신을 했다.

Therapy

하나님의 약속은 얼마든지 그리스도 안에서 예가 되니, 그런즉 그로 말미암아 우리가 아멘 하여 하나님께 영광을 돌리게 되느니라.
| 고후1:20 |

> 웃으며 생각하기

제자별 무인도 생존법

- 베드로는 O형 스타일이다. 그는 먼저 친구가 없다고 난리를 친다. 구조대는 안 올 거라며 절망하다가 사흘 만에 회개하고 무인도 이쪽 끝에서 저쪽 끝까지 전도 여행을 떠난다.

- 마태는 A형 스타일이다. 그는 슬픔에 잠긴 채 구조를 기다리기로 하고 일단 식량이 있는지를 찾아본다. 그러다 나무로 작살을 만들어 물고기를 잡아온다. 그리고 다음 날부터 구조된 후의 베스트셀러를 기대하며 〈무인도표류기〉를 쓰기 시작한다.

- 빌립은 B형 스타일이다. 그는 세상 어느 곳에 떨어져도 잘 먹고 잘 산다. 구조대가 오든 말든 벌써 그곳에 적응해서 과일 따 먹으러 간다. 과일나무 밑에서 만난 토끼에게 예수님의 제자가 되라고 전도한다.

- 요한은 AB형 스타일이다. 그는 그늘에 가만히 앉아서 주변 경치를 감상하다가 A형이 물고기 잡는 것을 구경하고 B형이 과일 따는 것을 도와준다.

Therapy

어떤 사람에게는 능력 행함을, 어떤 사람에게는 예언함을, 어떤 사람에게는 영들 분별함을, 다른 사람에게는 각종 방언 말함을, 어떤 사람에게는 방언들 통역함을 주시나니 이 모든 일은 같은 한 성령이 행하사 그의 뜻대로 각 사람에게 나누어 주시는 것이니라.
| 고전12:10~11 |

악필을 위한 기도

요한이의 엄마는 아들의 글씨가 너무 악필이어서 고민이었다. 그래서 가정예배를 드리는 날 돌아가면서 기도를 할 때, 이렇게 기도했다.
"하나님, 우리 아들이 글씨를 너무 못 쓰걸랑요. 그러니 우리 아들이 글씨를 한석봉처럼 잘 쓰게 해 주세요!"

그러자 아들의 기도 순서가 되었을 때, 요한이는 이렇게 기도했다.
"하나님, 제가 글씨를 잘 못쓰더라도 엄마랑 다른 사람들이 잘 알아보게 해주세요!"

그러자 이번엔 아빠의 기도 차례가 되었을 때, 아빠는 이렇게 기도했다.
"하나님, 우리 가족이 쩨쩨하게 글씨 같은 것 가지고 기도하지 않게 해주세요!"

Therapy

그런즉 너희는 먼저 그의 나라와 그의 의를 구하라. 그리하면 이 모든 것을 너희에게 더하시리라.
| 마6:33 |

어떤 남자의 기도

어떤 남자가 베란다에 나갔다가 우연히 건너편 집 유리창 너머로 젊은 여자가 옷을 벗는 것을 목격하게 되었다.

남자는 정신을 차리고 얼른 이렇게 기도했다.
"하나님, 제 눈을 감게 해주세요!"

그러나 다시 눈을 떴을 때, 여자는 옷을 완전히 벗고 있었다.

남자는 다시 기도하기 시작했다.
"오, 하나님! 제발 잠시만 눈 좀 감고 계시면 안 되나요?"

Therapy

하늘에 계시는 주여 내가 눈을 들어 주께 향하나이다. 상전의 손을 바라보는 종들의 눈 같이, 여주인의 손을 바라보는 여종의 눈 같이 우리의 눈이 여호와 우리 하나님을 바라보며 우리에게 은혜 베풀어 주시기를 기다리나이다.
| 시123:1~2

할아버지의 기도

어떤 할아버지가 버스를 타고 가는데 갑자기 버스가 급정거하는 바람에 할머니 한 분이 할아버지 앞으로 쓰러졌다.

그러자 할아버지는 이렇게 기도했다.
"하나님, 저를 시험에 들게 하지 마옵소서!"

잠시 후, 또 버스가 갑자기 급정거 하는 바람에 이번엔 아리따운 아가씨가 할아버지 앞으로 쓰러졌다.

그러자 할아버지는 용기를 내어 이렇게 기도했다.
"하나님의 뜻이라면 따르겠나이다!"

Therapy

그러므로 너희는 이렇게 기도하라. 하늘에 계신 우리 아버지여 이름이 거룩히 여김을 받으시오며, 나라가 임하시오며 뜻이 하늘에서 이루어진 것 같이 땅에서도 이루어지이다.
| 마6:9~10 |

할아버지와 손자

어느 날, 할아버지가 손자를 데리고 바닷가 모래밭을 걷고 있었다. 그런데 갑자기 큰 파도가 밀려오더니 손자를 집어삼켜 버렸다.

할아버지는 너무 놀라서 황망히 하늘을 보고 울부짖었다.
"오! 하나님, 어떻게 이러실 수 있습니까? 저의 하나밖에 없는 손자를 이렇게 데려가셔도 되는 겁니까? 제 아들과 며느리는 슬픔에 잠겨 죽고 말겁니다. 이건 말도 안 됩니다!"

그런데 바로 그 때, 다시 큰 파도가 밀려오더니 손자를 다시금 모래밭에 밀어 놓았다.

그러자 할아버지는 하늘에 대고 이렇게 소리쳤다.
"하나님, 모자도 주세요!"

Therapy

그러므로 내가 너희에게 말하노니 무엇이든지 기도하고 구하는 것은 받은 줄로 믿으라. 그리하면 너희에게 그대로 되리라.
| 막11:24 |

집 판 돈

어떤 중년 남자가 간암 판정을 받았다.

충격을 받은 그는 하나님께 간절히 기도했다.
"하나님, 제 병을 낫게만 해주시면 집을 팔아서 몽땅 바치겠습니다."

그러자 기도 덕분인지 정말로 병이 깨끗이 나았다.

그런데 그 남자는 이제 집을 팔아서 바치려니까 너무나 아까웠다.

그래서 궁리 끝에 생활 정보지에 다음과 같은 광고를 냈다.
"대지 200평에 건평 80평인 정원이 딸린 집 팜, 집값은 단돈 백만 원, 단 마당에 있는 은행나무를 함께 구입해야 함, 은행나무 값은 10억 원"

그 후 집이 팔리자 그 남자는 집 판 돈 백만 원은 하나님께 바치고, 은행나무 판 돈 10억 원은 자신이 챙겼다.

Therapy

스스로 속이지 말라. 하나님은 업신여김을 받지 아니하시나니, 사람이 무엇으로 심든지 그대로 거두리라. 자기의 육체를 위하여 심는 자는 육체로부터 썩어질 것을 거두고, 성령을 위하여 심는 자는 성령으로부터 영생을 거두리라.
| 갈6:7~8 |

아름다운 교회

어떤 믿음 좋은 흑인 남자가 있었다. 그런데 그가 사는 동네에서 좀 떨어진 곳에는 아주 화려하고 시설이 좋은 백인 교회가 하나 있었다.

주일이면 그 교회에는 잘 차려 입은 백인 신도들이 고급 승용차를 타고 와서 떠들썩하게 예배를 드리고 가곤했다.

그래서 그 흑인 남자의 소원은 단 한번 만이라도 그 아름다운 교회에 들어가서 예배를 드리고 싶은 것이었지만, 그 교회는 백인들만의 교회였기 때문에 흑인은 들어갈 수가 없었다.

그러던 어느 날부터인가, 흑인 남자는 하루도 빠짐없이 하나님께 이렇게 기도했다.

"하나님, 단 한번 만이라도 좋으니 제가 저 아름답고 훌륭한 교회에 들어가서 예배를 드릴 수 있게 해 주세요!"

그가 열심히 기도를 드리자 며칠 후 드디어 하나님의 응답이 들려왔다. 하나님은 흑인 남자에게 이렇게 말씀하셨다.

"얘, 나도 저 교회에는 한 번도 들어가 보지 못 했단다!"

Therapy

어떤 사람들이 성전을 가리켜 그 아름다운 돌과 헌물로 꾸민 것을 말하매 예수께서 이르시되, 너희 보는 이것들이 날이 이르면 돌 하나도 돌 위에 남지 않고 다 무너뜨려지리라.
| 눅21:5~6 |

친구 대신

커다란 교회 입구에서 어떤 거지가 껌을 팔고 있었다. 그 거지의 가슴에는 '저는 장님입니다'라고 씌어있었다.

한 여집사님이 껌을 사려고 거지 앞에 놓인 깡통에 천원을 넣고 5백 원을 거슬러 가자 거지가 말했다.
"껌은 천원입니다."

여집사님이 깜짝 놀라며 말했다.
"어머, 당신은 장님이 아니군요?"

그러자 거지가 이렇게 대답했다.
"여기는 내 구역이 아닙니다. 난 지금 친구의 가게를 봐주고 있는 건데, 그놈은 지금 영화 보러갔습니다!"

Therapy

주의 성령이 내게 임하셨으니, 이는 가난한 자에게 복음을 전하게 하시려고 내게 기름을 부으시고 나를 보내사 포로 된 자에게 자유를, 눈 먼 자에게 다시 보게 함을 전파하며 눌린 자를 자유롭게 하고, 주의 은혜의 해를 전파하게 하려 하심이라 하였더라.
| 눅4:18~19 |

거지의 큰 일

어떤 거지가 교회 앞에서 요란하게 깡통을 걷어차며 걸어가고 있었다.

그 모습을 본 교회 관리 집사님이 그에게 다가가서 점잖게 타일렀다.
"형제님, 여기는 하나님께 예배드리는 거룩한 성전 앞입니다. 시끄럽게 깡통을 차고 다니면 안 돼요."

그러자 거지가 잔뜩 인상을 찌푸리며 대꾸했다.
"난 지금 이사를 가는 중이라구요!"

Therapy

대저 그 마음의 생각이 어떠하면 그 위인도 그러한즉 그가 네게 먹고 마시라 할지라도 그의 마음은 너와 함께 하지 아니함이라. 네가 조금 먹은 것도 토하겠고 네 아름다운 말도 헛된 데로 돌아가리라.
| 잠23:7~8 |

아버지의 답장

시골에 사는 아버지가 서울에서 대학 다니는 아들로부터 연이어 두 통의 편지를 받았다.

첫 번째 편지는 이러했다.
"아버님, 그동안 무고하신지요? 집안도 평안하시구요? 자꾸 돈 부쳐 달라고 해서 죄송합니다. 백만 원이 또 필요 합니다. 이러는 제 마음 염치없고 송구스럽기 짝이 없습니다. 하지만 여기저기서 외상값 독촉이 심해서 어쩔 수 없이 편지를 드립니다. 불효자식을 용서해주세요."

그리고 두 번째 편지는 이러했다.

"아버님, 편지를 부치고 나니 너무 송구스러운 마음이 들어 다시 우체국엘 쫓아갔습니다. 편지를 되돌려 받아 태우고 싶었거든요. 뛰어가면서 편지가 그대로 있길 하나님께 간절히 기도했어요. 그런데 너무 늦어 이미 발송이 끝난 상태였습니다. 아들의 불찰을 용서해주십시요. 앞서 부친 편지에 계좌번호를 안 적었기에 다시 편지 올립니다."

그러자 연거푸 두 통의 편지를 받은 아버지는 즉시 아들에게 다음과 같은 답장을 보냈다.

"사랑하는 아들아, 너의 간절한 기도를 하나님께서 들으셨나보다. 네 편지 받지 못했다. 그러니 여기 걱정은 말고 부디 공부에 전념하거라!"

Therapy

아들이 이르되 아버지 내가 하늘과 아버지께 죄를 지었사오니 지금부터는 아버지의 아들이라 일컬음을 감당하지 못하겠나이다 하나, 아버지는 종들에게 이르되 제일 좋은 옷을 내어다가 입히고 손에 가락지를 끼우고 발에 신을 신기라. 그리고 살진 송아지를 끌어다가 잡으라. 우리가 먹고 즐기자. 이 내 아들은 죽었다가 다시 살아났으며 내가 잃었다가 다시 얻었노라 하니 그들이 즐거워하더라.
| 눅15:21~24 |

부전자전

중학교 수학선생님이 시골에서 농사를 짓고 계신 아버지께 편지를 썼다.

"아버님, 그간 병환은 제로이시며 기운은 최댓값이신지요? 이곳의 불효자는 몸 건강히 한 여성과 교제 중입니다. 아버님의 기대치에는 절대 오차가 없도록 노력했습니다. 어쨌든 그녀는 체격 면에서는 가분수이오나 성격은 합동이라서 그런대로 사랑이란 답이 나왔습니다. 이점 몇 번 검산 해 보았으므로 확실히 맞는 답이옵니다."

그러자 아버지로부터 다음과 같은 짧은 답장이 왔다.
"그럼 얼렁 수확하거라!"

Therapy

너희는 넉 달이 지나야 추수할 때가 이르겠다 하지 아니하느냐. 그러나 나는 너희에게 이르노니 너희 눈을 들어 밭을 보라. 희어져 추수하게 되었도다. 거두는 자가 이미 삯도 받고 영생에 이르는 열매를 모으나니, 이는 뿌리는 자와 거두는 자가 함께 즐거워하게 하려 함이라.
| 요4:35~36 |

애물단지

- 아들은 사춘기가 되면 남남이 되고, 군대에 가면 손님이 되고, 장가가면 사돈이 된다.

- 아들은 낳았을 땐 1촌이고, 대학가면 4촌이고, 군대 갔다 오면 8촌이고, 장가가면 사돈의 8촌이고, 자식 낳으면 동포이고, 이민가면 해외동포이다.

- 딸 둘에 아들 하나면 동메달이고, 딸만 둘이면 은메달이고, 딸 하나 아들 하나면 금메달이고, 아들만 둘이면 목메달이다.

- 장가간 아들은 '희미한 옛 사랑의 그림자'요, 며느리는 '가까이 하기엔 너무 먼 당신'이요, 딸은 '아직도 그대는 내 사랑'이다.

- 시어머니는 며느리가 물려받을 유산에는 관심이 없는 줄 알고, 장인은 사위가 처갓집 재산에는 관심 없는 줄 안다.

Therapy

이는 지혜와 훈계를 알게 하며 명철의 말씀을 깨닫게 하며, 지혜롭게 공의롭게 정의롭게 정직하게 행할 일에 대하여 훈계를 받게 하며, 어리석은 자를 슬기롭게 하며, 젊은 자에게 지식과 근신함을 주기 위한 것이니 지혜 있는 자는 듣고 학식이 더할 것이요 명철한 자는 지략을 얻을 것이라.
| 잠1:2~5 |

출신 학과별 사랑고백

- 신학과 : 하나님께서 태초에 여자를 남자의 갈비뼈로 만드셨기에, 제가 태초부터 영원까지 당신의 사랑의 옆구리가 되어드리겠습니다.

- 회계학과 : 당신을 사랑하는 일에 대한 재무제표를 만들었더니 영원한 흑자더군요.

- 법학과 : 나에 대한 제1순위 근저당권자는 당신입니다. 그리고 이 근저당권은 소멸시효도 없습니다.

- 식품영양학과 : 칼슘, 철분, 단백질 등 각종 영양분을 이상적으로 배합한 후 사랑의 조미료를 가득 넣은 음식을 매일 정성껏 만들어드릴게요.

- 경제학과 : 당신의 사랑이 나에게 주는 효용함수를 그려보면 무한궤도 곡선이 될 것입니다.

- 건축공학과 : 이것 좀 보세요. 내 가슴속에 설계해 둔 이

멋진 사랑의 설계도를!… 당신을 위한 설계도입니다.

● 금속공학과 : 당신이 너트라면 저는 볼트입니다.

● 철학과 : 흔히 남자를 하늘, 여자를 땅이라 하지만 땅이 없이 어찌 하늘이 있을 수 있겠습니까?

● 정치학과 : 이 나라의 주권은 국민에게 있고, 저의 주권은 당신에게 있습니다.

Therapy

내가 네 사업과 사랑과 믿음과 섬김과 인내를 아노니 네 나중 행위가 처음 것보다 많도다.
| 계2:19 |

유머의 기법 1

유머는 되도록 짧게 하라. 짧을수록 효과가 크다.

우스운 부분은 제일 마지막에 하라. 중간에 하면 나머지 부분은 재미가 없어진다.

유머를 구사한 다음 상대방이 웃을 때 자기는 웃지 말고 시치미를 떼라. 그래야 더욱 우스워진다.

3장

즐거움을 원하는
우리에게
기쁨의 요구가
이루어지게 하려
하심이니라

기쁨의 요구

<u>그러므로</u> 이제 웃음 안에 있는 자에게는 결코 찡그림이 없나니, 이는 웃음 안에 있는 엔도르핀의 힘이 찡그림과 스트레스의 속박에서 너를 해방하였음이라.

감정이 여러 요인으로 말미암아 자주 상하는 그것을 유머는 풀어 주나니, 후모르가 자기 파생어를 유머로 보내어 웃음을 일으키사, 찡그림을 따르지 않고 유쾌함을 따라 즐거움을 원하는 우리에게 기쁨의 요구가 이루어지게 하려 하심이니라.

달라진 세계관

結婚 한지 1년 된 한 젊은 남자가 친구들에게 말했다.
"난 결혼으로 이렇게 세계관이 바뀔 줄은 몰랐어!"

친구들이 물었다.
"그게 무슨 말이야?"

남자가 대답했다.
"결혼 전엔 세상 모든 여자가 다 천사처럼 보였거든!"

친구들이 다시 물었다.
"그런데 그게 어쨌다고?"

그러자 남자가 대답했다.
"그런데 이젠 세상에서 천사가 한 명 줄었어!"

Therapy

만일 일천 천사 가운데 하나가 그 사람의 중보자로 함께 있어서 그의 정당함을 보일진대, 하나님이 그 사람을 불쌍히 여기사 그를 건져서 구덩이에 내려가지 않게 하라. 내가 대속물을 얻었다 하시리라.
| 욥33:23~24 |

슬픈 고백

어느 교회 홈페이지 게시판에 다음과 같은 글이 올라와 조회 수가 폭발했다.

있잖아요, 우리 남편은요 결혼 전에는 저한테 너무 너무 잘해줬어요. 눈 쌓인 길을 걸어갈 땐 앞에서 눈을 치우며 저를 안내했고, 좀 춥다 싶으면 얼른 옷을 벗어서 걸쳐주었고, 비가 올 땐 옆에서 우산을 받쳐주었고… 하나에서 열까지 감동 그 자체였죠.

그리고 분식집에서 라면을 같이 먹다가 젓가락을 앞에 세우고는 '자기야 어디 있니? 자기가 안보여!' 하면서 젓가락 좌우로 고개를 움직이며 그 젓가락 뒤에 숨은 제 얼굴을 찾으려고 안간힘을 쓰곤 했죠.

그런데 결혼한 지 1년이 지난 지금, 며칠 전에 같이 집으로 오는 중에 예전 생각이 나서 제가 전봇대 뒤에 숨어서 남편에게 물었어요. '자기야 나 어디 있~게?'라구요. 그러자 남편이 저한테 이렇게 말했어요.
"전봇대만 빼고 다 보여!"

Therapy

스올과 아바돈도 여호와의 앞에 드러나거든 하물며 사람의 마음이리요.
| 잠15:11 |

남녀의 우정 차이

어느 날, 아내가 밤늦도록 돌아오지 않자 남편은 아내의 친한 친구 세 명에게 문자 메시지를 보냈다.
"우리 집사람이 아직 안 들어왔는데, 혹시 그 집에 같이 있지 않나요?"

그러자 아내 친구 세 명으로부터 다음과 같은 똑같은 답이 왔다.
"오늘 저희 집에 온 적 없어요!"

며칠 후, 이번엔 남편이 밤늦도록 돌아오지 않자 아내가 남편의 친한 친구 세 명에게 문자 메시지를 보냈다.

"남편이 아직 안 들어왔는데, 혹시 그 집에 같이 있지 않나요?"

그러자 남편 친구 세 명으로부터 다음과 같은 똑같은 답이 왔다.
"지금 저희 집에 와 있습니다!"

Therapy

이는 내 생각이 너희의 생각과 다르며 내 길은 너희의 길과 다름이니라, 여호와의 말씀이니라. 이는 하늘이 땅보다 높음 같이 내 길은 너희의 길보다 높으며 내 생각은 너희의 생각보다 높음이니라.
| 사55:8~9 |

남자를 먼저 만든 이유

김 집사님이 성경을 읽다가 궁금한 점이 있어서 하나님께 그 이유를 여쭤봤다.

"하나님, 하나님께서는 왜 여자를 먼저 만들지 않고 남자를 먼저 만드셨나요?"

그러자 하나님께서 이렇게 대답하셨다.

"얘, 만약 여자를 먼저 만들었다고 생각해봐라. 남자를 만들 때 얼마나 간섭이 심했겠느냐? 애정표현 용량은 크게 해 달라, 무뚝뚝 용량을 적게 해 달라, 복근은 울퉁불퉁하게 해 달라 등등 요구 사항이 얼마나 많았겠니? 아마 나도 감당 못했을 거야!"

Therapy

여호와 하나님이 아담에게서 취하신 그 갈빗대로 여자를 만드시고 그를 아담에게로 이끌어 오시니 아담이 이르되 이는 내 뼈 중의 뼈요 살 중의 살이라, 이것을 남자에게서 취하였은즉 여자라 부르리라 하니라.
| 창2:22~23

그날 이후

태초에 하나님께서 하늘과 땅을 창조하시고 휴식을 취하셨다.

다음으로 하나님께서 남자를 만드시고 휴식을 취하셨다.

그리고 하나님께서 여자를 만드신 후로는 하나님도 남자도 휴식을 취해본 적이 없다.

Therapy

아담이 이르되 하나님이 주셔서 나와 함께 있게 하신 여자 그가 그 나무 열매를 내게 주므로 내가 먹었나이다. 여호와 하나님이 여자에게 이르시되 네가 어찌하여 이렇게 하였느냐. 여자가 이르되 뱀이 나를 꾀므로 내가 먹었나이다.
| 창3:12~13 |

용서할 수 있는 남편

이웃집에 다녀온 아내는 무척 속이 상했다. 이웃집 여자가 남편으로부터 생일선물로 화장품을 받았다고 자랑을 했기 때문이다.

그날 저녁, 아내는 남편한테 투정을 부렸.
"옆집 한나 엄마는 남편한테서 생일 선물로 화장품을 받았다는데 당신은 뭐예요? 지난달 내 생일 때 겨우 통닭 한 마리로 때우고…"

그러자 남편이 아내에게 말했다.
"쯧쯧, 그 여자 참으로 불쌍한 여자로구먼!…"

아내가 의아해서 물었다.
"아니, 한나 엄마가 불쌍하다니 그게 무슨 말예요?"

그러자 남편이 대답했다.
"그렇잖아, 한나 엄마가 당신처럼 예뻐 봐 화장품이 뭐 필요하겠어?!"

Therapy

사람은 그 입의 대답으로 말미암아 기쁨을 얻나니 때에 맞는 말이 얼마나 아름다운고, 지혜로운 자는 위로 향한 생명 길로 말미암음으로 그 아래에 있는 스올을 떠나게 되느니라.
| 잠15:23~24 |

첫사랑 여인

일요일 오후, 교회에 다녀온 부부가 모처럼 거실 소파에 앉아 한가하게 휴식을 취하고 있었다.

이 때 아내가 남편한테 물었다.
"자기야, 결혼 전에 사랑했던 여자 있었어? 솔직히 말해봐."

그러자 남편이 대답했다.
"그럼, 있었지."

아내가 다시 물었다.
"정말?… 사랑했어?"

"그럼, 사랑했지."

"그래?… 많이 사랑했어?"

"그럼, 많이 사랑했지."

"그래?… 그럼 뽀뽀도 해봤겠네?"
"그럼, 해봤지."

이 대목에서 아내는 은근히 열이 오르기 시작했다.
"그럼, 그 여자 지금도 사랑해?"

"그럼, 사랑하지. 첫사랑인데…"

아내는 이제 더 이상 참을 수가 없었다. 그래서 쌀쌀맞게 쏴붙였다.
"그럼, 그 치하고 결혼하지 왜 나하고 결혼했어?!"

그러자 남편이 대답했다.
"그래서 당신하고 결혼 했잖아!"

Therapy

내가 어렸을 때에는 말하는 것이 어린 아이와 같고, 깨닫는 것이 어린 아이와 같고, 생각하는 것이 어린 아이와 같다가 장성한 사람이 되어서는 어린 아이의 일을 버렸노라. 우리가 지금은 거울로 보는 것 같이 희미하나 그 때에는 얼굴과 얼굴을 대하여 볼 것이요, 지금은 내가 부분적으로 아나 그 때에는 주께서 나를 아신 것 같이 내가 온전히 알리라. 그런즉 믿음, 소망, 사랑, 이 세 가지는 항상 있을 것인데 그 중의 제일은 사랑이라.

| 고전13:11~13

존댓말을 쓰는 이유

한나 엄마 아빠는 연상 연하의 커플이다. 겨우 두 살 차이지만 한나 엄마는 동네방네 다니면서 연하의 남편과 산다고 자랑을 한다.

그러나 한나는 아빠가 엄마한테 '누나'라고 부르거나 누나 대접을 해 주는 것은 한 번도 본적이 없다.

보통 한나네 엄마 아빠의 대화는 이렇다.
"어이, 빨래는 했어?"
"네에, 그럼요."
"어이, 그거 가져왔어?"
"어머나, 깜빡했네. 어쩌죠?"

한나는 속으로 '하긴 연상연하의 커플이 다 그렇지 뭐!' 라고 생각했는데, 오늘은 아주 충격적인 사실을 알게 되었다.

한나는 오늘 엄마 설거지를 도우면서 엄마한테 물어보았다.
"엄마, 엄만 아빠가 더 어린데 왜 늘 존댓말을 써?"

그러자 엄마가 이렇게 대답했다.
"말도 마라 얘, 안 그럼 쟤 삐쳐!"

Therapy

그러므로 하나님의 능하신 손아래에서 겸손하라, 때가 되면 너희를 높이시리라. 너희 염려를 다 주께 맡기라, 이는 그가 너희를 돌보심이라.
| 벧전4:6~7 |

아내의 처방

대형 마트에서 아주머니 한 분이 고른 물건들을 계산대 위에 올려놓았다.
계산원이 카운팅을 하고 나서 물었다.
"현찰로 하시겠어요, 카드로 하시겠어요?"

그런데 아주머니가 지갑을 꺼내려고 백을 열었을 때 TV 리모컨이 보였다.

계산원이 웃으면서 물었다.
"항상 TV 리모컨을 가지고 다니세요?"

그러자 아주머니가 이렇게 대답했다.
"아뇨, 남편보고 장보러 같이 가자고 했는데 안 따라 나서기에 가지고 온 거예요!"

Therapy

남편들아, 이와 같이 지식을 따라 너희 아내와 동거하고 그를 더 연약한 그릇이요 또 생명의 은혜를 함께 이어받을 자로 알아 귀히 여기라. 이는 너희 기도가 막히지 아니하게 하려 함이라.
| 벧전3:7 |

무정한 남편

주일 저녁, 아내가 맛있는 음식을 차려놓고 남편과 함께 식탁에 앉았다.

아내가 남편한테 물었다.
"여보, 나처럼 얼굴도 예쁜데, 요리도 잘하는 걸 사자성어로 뭐라 하게요?"(아내가 남편한테 기대한 답은 '금상첨화'였다)

그러나 남편은 이렇게 대답했다.
"자화자찬!"

아내가 다시 물었다.
"아니 그거 말고 다른 거요."

남편이 대답했다.
"과대망상!"

아내는 은근히 화가 났지만, 그래도 명색이 교회 집사인지라 미소를 지으며 다시 대답을 유도했다.
"아니, 그거 말고 '금'자로 시작하는 거예요."

그러자 남편이 대답했다.
"금시초문!"

그날 이후, 남편은 한 동안 저녁밥을 손수 차려먹었다.

Therapy

내 형제들아, 너희가 여러 가지 시험을 당하거든 온전히 기쁘게 여기라. 이는 너희 믿음의 시련이 인내를 만들어 내는 줄 너희가 앎이라. 인내를 온전히 이루라. 이는 너희로 온전하고 구비하여 조금도 부족함이 없게 하려 함이라.
| 약1:2~4 |

깜짝 놀랄 메뉴

저녁때가 되자 아내가 남편에게 말했다.
"오늘은 당신이 깜짝 놀랄 메뉴예요."

남편이 물었다.
"깜짝 놀랄 메뉴?… 뭘까?"

그러자 아내가 대답했다.
"이틀 동안 연거푸 햄버거를 먹었으니 오늘 또 햄버거를 먹을 거라고는 생각도 못했죠?"

Therapy

하나님의 나라는 먹는 것과 마시는 것이 아니요 오직 성령 안에 있는 의와 평강과 희락이라, 이로써 그리스도를 섬기는 자는 하나님을 기쁘시게 하며 사람에게도 칭찬을 받느니라.
| 롬14:17~18

웃으며 생각하기

남자가 여자를 이해할 수 없을 때

- 시간 없다고 잔소리하면서 아침도 안주더니 40분 째 화장대 앞에서 아직도 눈썹 그리고 있을 때.

- 티셔츠 한 장 사자고 세 시간 동안 스무 군데도 넘게 들락날락 거리다가 결국 맨 처음 들른 가게에서 원피스 하나 사가지고 나올 때.

- 복숭아 2천원어치 사면서 자두 한 개 덤으로 뺏으려고 시간 뺏기더니 집에 갈 시간 늦었다며 버스 안타고 택시 타고 올 때.

- TV에 나오는 예쁜 여자들은 다 성형한 거라고 흉 볼 땐 언제고 성형수술 하러 간다면서 동네방네 자랑하더니 결국 달랑 점 두 개 빼고 올 때.

Therapy

이는 그들로 마음에 위안을 받고 사랑 안에서 연합하여 확실한 이해의 모든 풍성함과 하나님의 비밀인 그리스도를 깨닫게 하려 함이니, 그 안에는 지혜와 지식의 모든 보화가 감추어져 있느니라.
| 골 2:2~3

서울 부부와 경상도 부부

그냥 웃기

서울 부부가 있었다. 아내가 남편한테 물었다.
"자기야, 나 자기 팔베개해도 돼?"
그러자 남편이 대답했다.
"그으럼, 돼구말구."
경상도 부부가 있었다. 아내가 남편한테 물었다.
"보소, 내 당신 팔베개해도 됩니꺼?"
그러자 남편이 대답했다.
"시끄럽다. 퍼뜩 자라!"

서울 부부가 있었다. 아내가 남편한테 물었다.
"자기야, 저 달 참 밝지?"
그러자 남편이 대답했다.
"아냐, 자기 얼굴이 더 밝아."
경상도 부부가 있었다. 아내가 남편한테 물었다.
"보소, 저 달 참 밝지예?"
그러자 남편이 대답했다.
"머리 치아 봐라. 달 좀 보자!"

서울 부부가 있었다. 아내가 절벽에 핀 꽃을 보고 남편한테 물었다.
"자기야, 저 꽃 좀 따줄 수 있어?"
그러자 남편이 대답했다.

"응, 난 자기가 원하는 거라면 뭐든지 할 수 있어."
경상도 부부가 있었다. 아내가 절벽에 핀 꽃을 보고 남편한테 물었다.
"보소, 저 꽃 쫌 따줄 수 인능겨?"
그러자 남편이 대답했다.
"저기 니끼가?"

서울 부부가 있었다. 아내가 출근 하는 남편을 잡으며 물었다.
"자기야, 뭐 잊은 거 없어?"
그러자 남편이 대답했다.
"아, 맞다. 뽀뽀 안 했네."(그러면서 쪼~ㄱ)
경상도 부부가 있었다. 아내가 출근하는 남편을 잡으며 물었다.
"보소, 뭐 잊은 거 엄능겨?"
그러자 남편이 대답했다.
"아, 맞다. 용돈 도!"(그러면서 손을 쑤~ㄱ)

Therapy

우리는 자기를 칭찬하는 어떤 자와 더불어 감히 짝하며 비교할 수 없노라. 그러나 그들이 자기로써 자기를 헤아리고 자기로써 자기를 비교하니 지혜가 없도다.
| 고후10:12 |

아내의 수수께끼

주일날 아침, 교회로 가는 차 안에서 아내가 남편한테 수수께끼를 냈다.

"당신이 기차의 기관사라 치고 기차에는 120명이 타고 있었어요. 처음 도착한 역에서 10명이 내리고 5명이 탔어요. 그리고 다음 역에서 5명이 내리고 10명이 탔어요. 그럼 기관사 이름이 뭐 게요?"

아내의 질문에 남편이 어이없어 하며 대답했다.
"아니, 승객 수를 알아맞히라는 것도 아니고 내가 기관사 이름을 어떻게 알아?"

그러자 아내가 불평했다.
"것 봐요, 당신은 늘 내 말을 귀담아 듣질 않는다구요. 내가 첨에 당신을 기관사라 치자고 했잖아요!"

Therapy

나는 또 그들의 비방 거리라. 그들이 나를 보면 머리를 흔드나이다. 여호와 나의 하나님이여 나를 도우시며 주의 인자하심을 따라 나를 구원하소서. 이것이 주의 손이 하신 일인 줄을 그들이 알게 하소서. 주 여호와께서 이를 행하셨나이다.
| 시109:25~27 |

외출 준비

화창한 일요일 아침, 부부가 교회에 갈 준비를 하고 있었다.

옷을 다 차려입은 남편이 아내에게 물었다.
"여보, 준비 다 됐소?"

그러자 아내가 남편에게 말했다.
"제발 좀 재촉하지 말아요. 잠깐이면 된다고 한 시간 전에 말했잖아요!"

Therapy

여호와 앞에 잠잠하고 참고 기다리라 자기 길이 형통하며 악한 꾀를 이루는 자 때문에 불평하지 말지어다.
| 시37:7 |

공처가

김 집사님이 공처가로 소문난 친구의 집에 놀러갔다.

그런데 공처가 친구는 마침 앞치마를 빨고 있었다.

김 집사님이 혀를 끌끌 차며 말했다.
"쯧쯧, 한심하구먼! 마누라 앞치마나 빨고 있으니…"

그러자 그 말을 들은 공처가 친구가 화를 내며 말했다.
"말조심하게! 내가 어디 마누라 앞치마나 빨 사람으로 보이나?… 이건 내 걸세!"

Therapy

그러므로 너희를 권하노니 사랑을 그들에게 나타내라. 너희가 범사에 순종하는지 그 증거를 알고자 하여 내가 이것을 너희에게 썼노라.
| 고후 2:8~9

땅값

어느 부부가 부부싸움을 하고 있었다.

아내가 남편한테 마구 대들었다.
"내가 뭐 당신 종 인줄 알아요? 나도 이제부턴 내 맘대로 할 거라구요!"

남편이 화가 나서 말했다.
"아니 이 여자가 하늘같은 남편한테 대들다니, 남편은 하늘이고 아내는 땅이라는 거 몰라?"

그러자 아내가 더욱 기세등등하게 대들었다.
"하이고, 요즘 땅값이 하늘 위까지 치솟았다는 거 몰라요?!"

Therapy

내 주여 내 말을 들으소서. 땅 값은 은 사백 세겔이나 그것이 나와 당신 사이에 무슨 문제가 되리이까. 당신의 죽은 자를 장사하소서.
| 창23:15 |

복도 많은 남자

아내에게 늘 불만이 많은 덩치 큰 남편이 있었다.

어느 일요일 오후, 거실 소파에 앉아 신문을 보던 남편이 일본의 스모선수와 미모의 여배우가 결혼한다는 기사를 읽으면서 말했다.
"덩치만 크고 머릿속엔 든 게 아무것도 없는 사람이 어떻게 미모의 여자와 결혼할 수 있는지 모르겠어? 복도 많은 남자야!"

그러자 옆에 있던 아내가 이렇게 말했다.
"여보, 그렇게 말해주니 정말 고마워요!"

Therapy

네가 네 하나님 여호와의 말씀을 청종하면 이 모든 복이 네게 임하며 네게 이르리니, 성읍에서도 복을 받고 들에서도 복을 받을 것이며, 네 몸의 자녀와 네 토지의 소산과 네 짐승의 새끼와 소와 양의 새끼가 복을 받을 것이며, 네 광주리와 떡 반죽 그릇이 복을 받을 것이며, 네가 들어와도 복을 받고 나가도 복을 받을 것이니라.
| 신28:2~6 |

아내의 복수

어떤 남편이 있었는데 그는 아내가 실수를 할 때마다 늘 야무지지 못하다고 타박을 했다. 하지만 아내는 속으로 꾹 눌러 참으면서 언젠가는 복수하겠다고 벼르고 있었다.

그러던 어느 날, 부부가 함께 외출을 했다가 돌아오는 길에 남편이 앞장서서 무단 횡단을 하게 되었다.

그때 지나가던 트럭 운전사가 창문을 내리고 험한 말을 쏟아냈다.

"야, 이 멍청이 쪼다 자식아! 죽으려고 환장했어?"

그렇게 트럭이 휭~ 하고 지나간 다음, 뒤따라온 아내가 멍하니 서있는 남편한테 물었다.
"당신, 아는 사람이에요?"

남편이 모르는 사람이라고 대답하자, 아내는 짐짓 놀라는 표정을 지으며 말했다.
"어머! 그런데 저 사람 어떻게 당신에 대해서 그렇게 잘 알죠?"

Therapy

여호와 나의 하나님이여, 주의 공의대로 나를 판단하사 그들이 나로 말미암아 기뻐하지 못하게 하소서. 그들이 마음속으로 이르기를 아하 소원을 성취하였다 하지 못하게 하시며, 우리가 그를 삼켰다 말하지 못하게 하소서.
| 시35:24~25 |

아내의 구박

허구한 날 아내에게 시달리는 남편이 있었다. 부인은 말끝마다 '당신이 뭘 알아요?' 하면서 시도 때도 없이 남편을 구박했다.

그러던 어느 날, 아내에게 병원으로부터 한통의 전화가 걸려왔다. 남편이 교통사고를 당해 중환자실에 있으니 빨리 오라는 연락이었다.

부인은 허겁지겁 병원으로 달려갔다. 그러나 그녀가 병원에 도착했을 때, 남편은 이미 죽어서 하얀 천을 덮어쓰고 있었다.

막상 죽은 남편을 보니 그녀는 평소 남편을 구박한 것이 너무나 후회스러웠다. 그래서 죽은 남편을 부여잡고 한없이 울었다.

그런데 부인이 한참 그렇게 울고 있을 때, 남편이 슬그머니 천을 내리며 말했다.
"여보, 나 아직 안 죽었어!"

그러자 깜짝 놀란 부인이 울음을 뚝 그치고 남편에게 쏘아붙였다.
"당신이 뭘 알아요? 의사가 죽었다는데!"

Therapy

여호와여, 주의 이름을 위하여 나를 살리시고 주의 의로 내 영혼을 환난에서 끌어내소서.
| 시143:11 |

불독의 입

산책을 나온 부부가 공원 벤치에 앉아 쉬고 있었다.

예쁜 아가씨가 지나가자 남편이 말했다.
"저 아가씨 눈 참 예쁘다. 당신 눈하고 바꿨으면 좋겠어."

잠시 후, 다리가 늘씬한 아가씨가 지나가자 남편이 말했다.
"저 아가씨 다리 참 예쁘다. 당신 다리하고 바꿨으면 좋겠어."

이번에는 어떤 남자가 불독을 데리고 지나갔다. 그러자 아내가 남편한테 말했다.
"어머, 저 개 굳게 다문 입 좀 봐요. 당신 입하고 바꿨으면 좋겠어요!"

Therapy

너를 정죄한 것은 내가 아니요 네 입이라. 네 입술이 네게 불리하게 증언하느니라.
| 욥15:6 |

납치범의 협박

어떤 납치범이 한 중년 남자를 납치해서 인질로 잡아놓고 그의 아내에게 전화를 걸었다.
"내가 당신 남편을 납치했다. 오늘 오후 3시까지 일억 원을 입금하지 않으면 죽이겠다."

그러자 여자가 대뜸 이렇게 소리쳤다.
"어림없는 소리 작작하고, 당신 맘대로 해!"

뜻밖의 반응에 인질범은 얼른 말을 바꾸어서 이렇게 협박했다.
"좋다, 그럼 당신 남편을 도로 집에 데려다 놓겠다!"

그러자 전화기 속의 여자가 다급하게 소리쳤다.
"여보세요, 계좌 번호를 알려 줘야죠!"

Therapy

내가 이것을 말함은 너희의 유익을 위함이요, 너희에게 올무를 놓으려 함이 아니니 오직 너희로 하여금 이치에 합당하게 하여 흐트러짐이 없이 주를 섬기게 하려 함이라. 그러므로 결혼하는 자도 잘하거니와 결혼하지 아니하는 자는 더 잘하는 것이니라.
| 고전7:35,38 |

남자가 여자에게 해서는 안 될 말 십계명

1. "너밖에 없다!" 이는 엄청난 부작용으로 치명적인 공주병, 왕비병을 유발할 수 있는 말이다. 나중엔 TV에 나오는 여자 얼굴도 못 쳐다보게 하면서 자기만 쳐다보라고 한다. '넌 이럴 때가 좋더라!'를 권장하는 바이다.

2. "하늘만큼 땅만큼 사랑해!" 이것 또한 전쟁이나 호환, 마마보다 무서운 말이다. 처음에는 엄청 기뻐하는 듯 하다가도 나중에는 '에게, 이것밖에 안 돼?'로 전락할 수 있다. 그러면 엄청 골치 아파진다. '하늘도 알고 있을 만큼 사랑해!'를 권장하는 바이다.

3. "다음에 꼭 사 줄게!" 안 된다. 다음에 사준다고 하면 그 날만 눈 빠지게 기다린다. 기다림 끝에 마음 상한다고 늦게 사주면 늦게 사준다고 마음 상하고, 안 사주면 안 사준다고 마음 상하기 일쑤다. '꼭' 이란 말을 빼고 '능력이 되면 사 줄게!'를 권장하는 바이다.

4. "내 꿈꿔!" 이것 역시 안 된다. 벌써 눈치를 챈 분은 아시겠지만, 이 말 역시 사이가 좋을 땐 더없이 좋은 꿈이 될 수 있다. 그러나 싸우고 난 후라던가, 보기 싫을 땐 꿈에

나올까 두려워 불면증을 유발하기 일쑤다. 그냥 '잘 자!'를 권장하는 바이다.

5. "우리 심심한데 뽀뽀나 할까?" 뽀뽀가 무슨 심심풀이 땅콩이란 말인가? 이건 정말 큰일 날 말이다. 지금이야 좋으니까 그렇다 치고, 나중에 진짜 심심할 땐 할 말이 없게 된다. 그냥 '우리 입 크기 함 재보자!'를 권장하는 바이다.

6. "넌 웃을 때가 정말 예뻐!" 아~ 정말 큰일 날 말이다. 소문만복래란 말이 있지만, 이 역시 엄청난 부작용을 일으킬 수 있다. 정말인 줄 알고 초상집에 가서도 예뻐 보이려고 실실 대는 증상이 생긴다. '웃을 때가 인상 찡그릴 때보단 낫다!'를 권장하는 바이다.

7. "내가 다 할게!" 어림 반 푼어치도 없는 말이다. 나중엔 설거지, 청소, 냉장고 정리까지 도맡아 해야 한다. 혼자 다 한다는 건 참으로 엄청난 아량과 파워가 요구된다. 그냥 '돕고 사는 게 좋은 거야!'를 권장하는 바이다.

8. "내가 책임 질 게!" 이 무슨 큰일 날 말인가? '배째라 사상'과 '무대뽀 정신'을 키워주는 결정적인 말이다. 허구한 날 셔터맨 시키는 무대뽀 정신도 여기에서 나왔다. '우리 각자 책임지는 거야!'를 권장하는 바이다.

9. "먹는 게 남는 거야!" 크나큰 착각의 말이다. 뭐가 남는단

말인가? 나중엔 먹는 게 남는 거라고 살림 거덜 나는 줄 모르고 먹기만 하려 들 것이다. '먹을 땐 먹고 아낄 땐 아끼자!'를 권장하는 바이다.

10. "너 없이는 못살아!" 아무리 빈 말이라도 그렇게 무모한 말은 해서는 안 된다. 사이가 좋을 땐 애정표현으로 들릴지 모르겠지만, 안 좋을 때는 정말 엄청난 부담의 말이 된다. 그냥 '너 땜에 요즘은 그래도 살맛이 나!'를 권장하는 바이다.

Therapy

하나님의 나라는 말에 있지 아니하고 오직 능력에 있음이라. 너희가 무엇을 원하느냐 내가 매를 가지고 너희에게 나아가랴, 사랑과 온유한 마음으로 나아가랴.
| 고전4:20~21 |

그냥 웃기

〈흥부와 놀부〉 바이블 버전

어느 날, 흥부와 그의 아내가 길을 가다 흥부의 아내가 발을 헛디뎌 연못에 빠지므로, 마침 이를 목격한 하나님께서 즉시 산신령을 연못으로 급파하셨더라.

연못에 도착한 산신령이 물속에서 흥부의 아내와 미녀 둘을 데리고 나타나 흥부에게 이르되 '이 여자들 중 누가 네 아내냐?' 하거늘,

착한 흥부가 대답하여 이르되 '왼쪽의 제일 못생긴 여자가 제 아내니이다.' 하므로, 산신령이 흥부의 정직함을 가상히 여겨 나머지 두 여자도 그에게 상으로 주었더라.

그런즉, 이 소문을 들은 놀부는 즉시 아내를 데리고 연못으로 달려가 양귀비 같은 아내를 일부러 연못에 빠뜨리고 난 다음, 대성통곡을 하며 산신령 나타나기만을 기다렸더라.

한참 후, 이윽고 산신령이 물속에서 나타났으되 그는 아무도 데리고 오지 않았고, 대신 이렇게 한마디하고는 얼른 연못 속으로 사라졌더라.
"놀부야, 고맙다!"

Therapy

이같이 너희 빛이 사람 앞에 비치게 하여 그들로 너희 착한 행실을 보고 하늘에 계신 너희 아버지께 영광을 돌리게 하라.
| 마5:16

4장

웃음이 온 후로는
우리가 찡그림 아래에
있지 아니하도다

웃음의 구원

찡그림을 따르는 자는 우울한 일을, 웃음을 따르는 자는 즐거운 일을 생각하나니, 찡그림의 생각은 슬픔과 우울함이요, 웃음의 생각은 기쁨과 즐거움이니라.

웃음이 오기 전에 우리는 찡그림 아래에 매인 바 되고 계시될 기쁨의 때까지 갇혔느니라. 이같이 찡그림이 오히려 우리를 웃음으로 인도하는 몽학선생이 되어, 우리로 하여금 유머로 말미암아 유쾌함을 얻게 하려 함이라.

웃음이 온 후로는 우리가 찡그림 아래에 있지 아니하도다. 우리가 다 유머로 말미암아 웃음 안에서 희락의 자녀가 되었으니, 누구든지 찡그림을 없애기 위해 유머를 읽는 자는 이미 웃음으로 구원받았느니라.

지식과 지혜

옛날, 어느 마을에 고집 센 사람과 똑똑한 사람이 살고 있었다.

하루는 둘 사이에 다툼이 벌어졌는데, 이유인즉 고집 센 사람은 '3×3=8'이라 하고, 똑똑한 사람은 '3×3=9'라 주장하는 것이었다.

두 사람은 다툼 끝에 결국 고을 원님을 찾아가서 시비를 가리기로 했다.

사정 얘기를 다 듣고 난 원님이 고집 센 사람에게 물었다.
"네가 '3×3=8'이라고 하였느냐?"

고집 센 사람이 대답했다.
"예, 그렇습니다. 당연한 사실을 말하는데 글쎄 저놈이 9라고 우기지 뭡니까?"

그러자 고을 원님이 포졸에게 명령했다.
"여봐라, 8이라 우기는 이놈은 돌려보내고, 9라고 우기는 저놈은 끌어다 곤장 아홉 대를 쳐라!"

그리하여 오히려 9라고 주장하는 똑똑한 사람이 곧장 아홉 대를 맞게 되었다.

똑똑한 사람은 너무나 억울해서 원님께 항의했다.
"원님, 너무나 억울합니다. 어째서 3×3=8이란 말입니까? 저는 수학경시대회에 나가서도 1등을 한 사람입니다."

그러자 원님이 대답했다.
"이놈아, 3×3=8이라고 우기는 어리석은 놈과 싸운 네가 더 어리석은 놈이다. 내가 성경말씀대로 너를 초달하여 지혜를 깨우치게 하려 함이니라!"

Therapy

나무가 다하면 불이 꺼지고, 말쟁이가 없어지면 다툼이 쉬느니라. 숯불 위에 숯을 더하는 것과 타는 불에 나무를 더하는 것 같이 다툼을 좋아하는 자는 시비를 일으키느니라.
| 잠26:20~21 |

지독한 게으름뱅이

어느 마을에 지독한 게으름뱅이가 살고 있었다. 그는 얼마나 게을렀는지 누가 음식을 차려주면 먹고, 차려주는 사람이 없으면 차라리 굶을 정도였다.

어느 날, 그날도 그는 하루 종일 굶은지라 너무나 배가 고팠지만 음식을 차려먹기 귀찮아서 그냥 죽은 척 하기로 했다.

아니나 다를까, 몸이 바짝 야윈 채로 침대에 누워 있는 그를 발견한 이웃 사람이 그가 죽은 줄 알고 목사님을 불러 장례식을 치르기로 했다.

마을 사람들이 게으름뱅이의 시체를 메고 장송곡을 부르며 가고 있는데, 그것을 본 교회 권사님 한 분이 혀를 끌끌 차며 말했다.
"쯧쯧… 불쌍하기도 하지! 배가 고파 죽은 게 분명해. 이럴 줄 알았으면 어제 감자라도 좀 갖다 주는 건데…"

그러자 관속에 누워있던 게으름뱅이가 그 말을 듣고 눈을 번쩍 뜨며 물었다.
"그게 찐 감잔가요, 생감잔가요?"

권사님이 깜짝 놀라 뒤로 물러나며 대답했다.
"생감자라오!"

그러자 관 속의 게으름뱅이가 다시 눈을 감으며 말했다.
"에이, 그렇다면 장송곡이나 계속 불러 주시오!"

Therapy

게으른 자여 개미에게 가서 그가 하는 것을 보고 지혜를 얻으라. 개미는 두령도 없고 감독자도 없고 통치자도 없으되, 먹을 것을 여름 동안에 예비하며 추수 때에 양식을 모으느니라. 게으른 자여 네가 어느 때까지 누워 있겠느냐. 네가 어느 때에 잠이 깨어 일어나겠느냐. 좀 더 자자, 좀 더 졸자, 손을 모으고 좀 더 누워 있자 하면 네 빈궁이 강도 같이 오며 네 곤핍이 군사 같이 이르리라.

| 잠6:6~11 |

용하다는 점쟁이

아무리 애를 써도 모든 일이 잘 안 풀리는 사내가 있었다.

그의 나이는 서른 일곱, 차라리 죽었으면 좋겠다고 생각할 정도로 모든 일이 꼬여 들어갔다. 그는 특히 돈 때문에 많은 고생을 겪고 있었다.

그래서 사내는 너무도 답답한 나머지 용하다는 점쟁이를 찾아가보기로 했다. 점을 봐서 계속 고생할 팔자라면 차라리 스스로 목숨을 끊어버리기로 마음먹었다.

다음날, 사내는 용하다는 점쟁이를 찾아갔다. 그는 그동안 겪은 고생 얘기를 다 하고 나서 도대체 이 고생이 언제 끝날 것이며, 언제부터 팔자가 펼 것인지 물어봤다.

그러자 점쟁이가 대답했다.
"당신은 마흔 살까지 고생하겠소!"

사내는 점쟁이의 말을 듣고 뛸 듯이 기뻐했다. 그는 매우 좋아하며 물었다.
"그렇다면 마흔 살 이후에는 제가 드디어 돈을 많이 벌 거라는 얘기군요?"

그러자 점쟁이가 대답했다.
"아니요, 마흔 살 이후에는 고생에 익숙해질 거라는 얘깁니다!"

Therapy

생각하건대 현재의 고난은 장차 우리에게 나타날 영광과 비교할 수 없도다. 피조물이 고대하는 바는 하나님의 아들들이 나타나는 것이니. 피조물이 허무한 데 굴복하는 것은 자기 뜻이 아니요, 오직 굴복하게 하시는 이로 말미암음이라. 그 바라는 것은 피조물도 썩어짐의 종노릇 한 데서 해방되어 하나님의 자녀들의 영광의 자유에 이르는 것이니라.
| 롬8:18~21 |

완성품 2

어떤 젊은이가 씩씩거리며 중매쟁이한테 항의했다.
"아니, 저한테 어떻게 이럴 수 있어요? 그 여자는 아이가 셋이나 딸린 과부였다구요!"

그러자 중매쟁이가 대답했다.
"그게 뭐 어떻다는 거요? 그건 오히려 장점이 될 수도 있어요. 만약 당신이 처녀와 결혼하면 아이를 낳으려고 할 거 아니요? 당신이 아이를 셋이나 낳으려면 얼마나 힘든지 알아요? 세 번이나 힘들게 임신을 시켜야 하고, 아내가 아이를 낳을 때마다 무척 번거로운 일이 생길 거요. 병원비에다 우유값까지 돈도 엄청나게 들어갈 거고, 시간 낭비에 돈 낭비 그게 뭐하는 짓이요? 그렇지만 내가 소개한 대로 당신이 그 여자와 결혼하면 모든 걸 다 갖춘 완성품과 결혼을 하는 거라구요. 그 여자는 이미 골치 아픈 여러 과정을 다 거친 사람이란 말이요. 아이가 셋이나 딸렸다는 것은 대단한 소득이오. 그러니 당신은 그 여자와 결혼하면 땡잡는 거요. 알겠소?"

젊은이는 중매쟁이의 말을 곰곰이 생각해 보았다. 그랬더니 그의 말은 하나도 틀린 데가 없었다. 그래서 그는 아이가 셋 딸린 과부와 결혼을 했다.

Therapy

거두는 자가 이미 삯도 받고 영생에 이르는 열매를 모으나니, 이는 뿌리는 자와 거두는 자가 함께 즐거워하게 하려 함이라. 그런즉 한 사람이 심고 다른 사람이 거둔다 하는 말이 옳도다.
| 요4:36~37 |

무당의 분노

어떤 여자가 급히 무당에게 달려와서 헐떡이며 말했다.
"큰일 났어요. 제 남편이 곧 죽게 됐어요!"

그러자 무당이 여자에게 말했다.
"무슨 일이야? 침착하게 말해야지!"

여자가 진정하며 말했다.
"죽음의 사자가 제 남편을 데려가려 한다구요!"

그러자 무당은 즉시 뭐라고 주문을 외우면서 한동안 푸닥거리를 했다. 그러고 나서 여자에게 말했다.
"이젠 걱정 뚝! 내가 죽음의 사자로부터 칼을 빼앗았으니 안심하고 집으로 가도 돼!"

그제야 여자는 안도의 한숨을 내쉬며 자리에서 일어서려는데 무당이 말했다.
"복채!"

여자는 꼼짝없이 무당에게 100만 원을 빼앗기고 집으로 돌아갔다.

그런데 한 시간도 채 되지 않아 여자는 다시 무당에게 달려와서 소리쳤다.
"제 남편이 기어이 죽었어요. 당신이 푸닥거리를 했는데도 효험이 없었다구요!"

그러자 무당이 자리에서 벌떡 일어나며 큰 소리로 외쳤다.
"이런 천하에 못된 놈 같으니라구! 칼을 빼앗았더니 맨손으로 죽이다니!…"

Therapy

너희를 미혹하는 자들에 관하여 내가 이것을 너희에게 썼노라. 너희는 주께 받은바 기름 부음이 너희 안에 거하나니 아무도 너희를 가르칠 필요가 없고, 오직 그의 기름 부음이 모든 것을 너희에게 가르치며 또 참되고 거짓이 없으니 너희를 가르치신 그대로 주 안에 거하라.
| 요일2:26~27 |

외판원과 할머니

어떤 젊은 외판원이 외딴 농가를 방문하여 현관문을 두드렸다. 그러자 할머니 한 분이 문을 열어주었다.

외판원은 할머니께 단도직입적으로 말했다.
"할머니, 제가 지금부터 할머니께 평생 잊지 못할 놀라운 일을 보여드릴 게요."

그러면서 외판원은 부랴부랴 마당가에 가서 흙을 한 움큼 퍼다 마룻바닥에 쭈욱 뿌려놓고 말했다.
"할머니, 저랑 내기를 해요. 만약 제가 이 진공청소기로 여기 있는 이 흙을 다 빨아들이면 할머니께서 청소기를 한 대 사시고, 못 빨아들이면 제가 이 흙을 다 먹겠습니다."

그러자 할머니는 한동안 외판원을 물끄러미 바라보더니 말없이 주방으로 가서 숟가락 하나를 들고 왔다.

그리고 그걸 외판원에게 내밀면서 말했다.
"이봐요 젊은이, 이제 이 숟가락으로 흙을 다 퍼 먹게!"

외판원이 의아해서 할머니께 물었다.
"아니 할머니, 아직 내기가 끝난 게 아니잖아요?!"

그러자 할머니가 잘라 말했다.
"내기는 무슨 내기? 여기는 전기가 안 들어온다네!"

Therapy

불신자 중 누가 너희를 청할 때에 너희가 가고자 하거든 너희 앞에 차려 놓은 것은 무엇이든지 양심을 위하여 묻지 말고 먹으라. 누가 너희에게 이것이 제물이라 말하거든 알게 한 자와 그 양심을 위하여 먹지 말라. 내가 말한 양심은 너희의 것이 아니요, 남의 것이니 어찌하여 내 자유가 남의 양심으로 말미암아 판단을 받으리요.
| 고전10:27~29 |

증상 치료

정신과 병원을 찾아온 남자가 의사에게 말했다.
"전 침대에 눕기만 하면 누군가 침대 밑에 있다는 생각이 듭니다. 그리고 침대 밑에 들어가면 누군가 침대 위에 있다는 생각이 들고요."

남자의 고백을 듣고 난 의사가 말했다.
"심각하군요. 3개월 동안 꾸준히 치료를 받으세요. 매주 한 번씩 오고요."

남자가 물었다.
"치료비는 얼마죠?"

의사가 대답했다.
"한번 올 때마다 10만원씩입니다."

남자가 말했다.
"10만원씩이라구요?… 그렇담 생각해봐야겠네요."

남자는 결국 그냥 돌아갔고, 그 후로는 병원에 나타나지 않았다.
그로부터 몇 주가 지난 어느 날, 의사는 거리에서 우연히 남자를 만났다. 의사가 남자에게 물었다.
"왜 병원에 안 오시죠?"

남자가 대답했다.
"제 증상은 공짜로 고쳤거든요!"

의사가 놀라며 물었다.
"아니 어디서 그렇게 빨리, 그것도 공짜로 고쳤다는 겁니까?"

그러자 남자가 대답했다.
"사실은 제가 다니는 교회 목사님이 침대 다리를 잘라버리라고 해서 그렇게 했거든요!"

Therapy

지혜로운 마음을 그들에게 충만하게 하사 여러 가지 일을 하게 하시되 조각하는 일과, 세공하는 일과, 청색 자색 홍색 실과 가는 베 실로 수놓는 일과, 짜는 일과, 그 외에 여러 가지 일을 하게 하시고 정교한 일을 고안하게 하셨느니라.
| 출35:35 |

높이와 길이

모세는 하나님의 명령에 따라 장대 끝에 놋뱀을 매달기 위해 나발을 시켜 밖에 세워져 있는 장대의 높이를 재어 오라고 지시했다.

그러자 나발이 줄자를 가지고 장대 위에 올라가려고 끙끙 거렸다.

모세가 이를 보고 궁금해서 나발에게 물었다.
"야, 위험하게 거기는 왜 올라가려는 거야?"

나발이 헉헉대며 대답했다.
"방금 저보고 장대 높이를 재어 오라고 했잖아요!"

모세가 한심해서 나발을 나무랐다.
"야, 멍청아! 힘들게 거긴 왜 올라가? 장대 밑에 있는 너트를 풀고 눕혀서 재면 되잖아."

그러자 나발이 인상을 쓰면서 대꾸했다.
"아, 애당초에 길이를 재라고 했으면 제가 그렇게 했잖아요!"

Therapy

이 백성들의 마음이 우둔하여져서 그 귀로는 둔하게 듣고, 그 눈은 감았으니 이는 눈으로 보고 귀로 듣고 마음으로 깨달아 돌아오면 내가 고쳐 줄까 함이라 하였으니, 그런즉 하나님의 이 구원이 이방인에게로 보내어진 줄 알라. 그들은 그것을 들으리라 하더라.
| 행28:27~28 |

낙하 훈련

우리의 나발이 무적의 정예부대 공수특전대에 입대했다.

낙하 훈련이 있는 날, 그가 교관에게 물었다.
"교관님, 뛰어내렸는데 낙하산이 펴지지 않으면 어떡합니까?"

그러자 교관이 나발의 얼굴을 빤히 쳐다보더니 대답했다.
"그럼 갖고 돌아와. 다른 걸로 바꿔 줄게!"

Therapy
그런즉 너희가 어떻게 행할지를 자세히 주의하여 지혜 없는 자 같이 하지 말고 오직 지혜 있는 자 같이 하여, 세월을 아끼라 때가 악하니라.
| 엡5:15~16

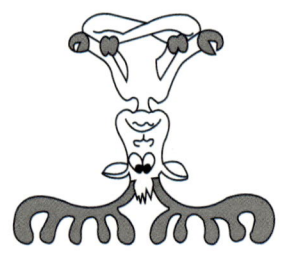

멍청한 미국인

1960년대 말, 미국 나사에서 우주선을 달에 보내려고 할 때, 그들은 볼펜이 우주에서 사용할 수 없음을 알아차렸다.

볼펜은 잉크가 밑으로 내려오는 압력에 의해 써지는 것인데, 우주에서는 압력이 작용하지 않기 때문에 사용할 수 없었던 것이다.

그래서 그들은 10년 동안 120만 달러의 막대한 돈을 들여 드디어 우주용 볼펜을 개발하는데 성공했다.

그런데 거의 같은 시기에 러시아우주센터도 달에 우주선을 보내려는 계획을 추진하고 있었고, 그들 역시 우주에서 사용할 필기구가 필요했다.

그러나 그들은 미국과 다르게 돈을 한 푼도 들이지 않았다.
그들은 그냥 연필을 썼다.

Therapy

이 세상 지혜는 하나님께 어리석은 것이니, 기록된바 하나님은 지혜 있는 자들로 하여금 자기 꾀에 빠지게 하시는 이라 하였고, 또 주께서 지혜 있는 자들의 생각을 헛것으로 아신다 하셨느니라.
| 고전3:19~20 |

> 그냥 웃기

배꼽 빼는 이야기들

- 어떤 남자가 밤에 용 세 마리가 화려하게 승천하는 꿈을 꾸고 날 밝자마자 복권을 샀는데 다 꽝일 뿐, 낙심해서 슈퍼에 들러 너구리우동 하나 사가지고 집에 돌아와서 뜯어보니 안에 다시마가 세 개나 들어 있었다는 이야기…

- 지하철 안에서 파마머리를 한 여자가 옆의 남자친구한테 엄청난 코맹맹이 소리로 '쟈긔야, 나 파마 한 거 어때? 안 어울리징?' 하니까 남자친구가 '넌 생머리도 안 어울려!' 하더라는 이야기…

- 어떤 남자가 채팅을 하는데 스무 살 난 아가씨가 '시간 있으세요?' 해서 '많아요!' 했더니, '아껴 쓰세요!' 하고 나가서 다시는 들어오지 않았다는 이야기…

- TV 동물다큐멘터리 프로그램에 엄청나게 큰 상어가 나오자 할머니가 '저건 상어냐, 고래냐?' 하시는 순간, 다큐의 내레이터가 '저것은 고래상어입니다!'라고 하더라는 이야기…

- 어떤 여학생이 눈이 아주 작은 친구랑 스티커 사진 찍는데, '잡티제거' 기능을 누르니까 갑자기 친구 눈이 사라졌다는 이야기…

- 어떤 여고생이 하교길에 남자 고등학교 앞을 지나다가 발을 삐끗해서 한 바퀴 앞구르기 한 후에 멋있게 착지를 했는데, 그 포즈가 왕 앞에서 무릎 꿇는 장군 포즈여서 집까지 울면서 달렸다는 이야기…

- 친구가 짜증나고 화난 목소리로 전화했기에 무슨 일이냐고 물었더니, 찢어진 청바지 거금 5만원 주고 샀는데 다음날 학교에 갔다 돌아와보니까 할머니가 다 꿰매놔버려서 속상했다는 이야기…

- 어떤 고등학생이 신종플루로 조퇴 한번 해보려고 드라이기로 귀를 쬐어서 체온을 재어보니 무려 80도 나왔다는 이야기…

Therapy

나를 향하여 하하 하하 하며 조소하는 자들이 자기 수치로 말미암아 놀라게 하소서. 주를 찾는 자는 다 주 안에서 즐거워하고 기뻐하게 하시며 주의 구원을 사랑하는 자는 항상 말하기를 여호와는 위대하시다 하게 하소서.
| 시40:15~16

미국 경찰관

김 집사님은 나이가 들자 새로운 인생을 위해 전 재산을 팔아 L. A로 이민을 갔다. 그는 가져간 돈으로 정원이 딸린 고급주택과 최신형 벤츠 승용차를 샀다.

그런데 어느 날, 승용차를 타고 교외로 드라이브를 나갔다가 그만 속도위반으로 경찰에 걸리고 말았다.

영어가 짧은 김 집사님은 아쉬운대로 한국말과 영어를 섞어 미국 경찰관에게 이렇게 말했다.
"한 번만 봐주세요, Look at me one!"

그러자 미국 경찰관 역시 한국말과 영어를 섞어서 이렇게 대답했다.
"오늘은 국물도 없어요, No Soup today!"

Therapy

이에 다리오 왕이 온 땅에 있는 모든 백성과 나라들과 언어가 다른 모든 사람들에게 조서를 내려 이르되, 원하건대 너희에게 큰 평강이 있을지어다.
| 단6:25 |

연탄 두 장 값

서울에서 어떤 택시기사가 흑인 두 명을 태우고 가다가 신호등 앞에서 차를 멈췄다.

그때 우연히 만난 동료 택시기사가 옆 차선에 차를 세우더니 창문을 내리면서 물었다.
"손님 많이 받았어?"

그러자 흑인 손님을 태운 택시기사가 대답했다.
"아니, 지금 연탄 두 장 실은 게 첨이야!"

그로부터 얼마 후, 흑인을 태운 택시가 목적지에 도착했다.

흑인 손님이 내리면서 주머니를 뒤적이더니 2천원을 꺼내 내밀었다.

택시기사는 어이가 없어서 큰 소리로 말했다.
"만 원, Ten thousand won!"

그러자 흑인 손님이 한국말로 대꾸했다.
"연탄 두 장 값 맞잖아요!"

Therapy

본토인에게나 너희 중에 거류하는 이방인에게 이 법이 동일하니라 하셨으므로, 온 이스라엘 자손이 이와 같이 행하되 여호와께서 모세와 아론에게 명령하신 대로 행하였으며, 바로 그 날에 여호와께서 이스라엘 자손을 그 무리대로 애굽 땅에서 인도하여 내셨더라.
| 출12:49~51 |

여성운전자와 택시기사

한 여자 집사님이 차를 몰고 외출을 했다가 차들이 북적거리는 사거리에서 그만 시동을 꺼뜨리고 말았다.

그녀는 다시 출발하려고 애썼지만 진땀만 날 뿐 시동이 잘 걸리지 않았다.

그녀의 차 뒤에서는 성질 급한 택시기사가 신경질적으로 계속 경적을 울려댔다.

그녀는 한참 후에 마침내 시동 걸기를 포기하고 차에서 내려 뒤로 걸어갔다.

택시에 다가간 그녀는 기사에게 창문을 내려 보라고 손짓을 한 다음, 그가 창문을 내리자 이렇게 말했다.

"저, 정말 죄송해요. 시동이 안 걸려서 그러는데 좀 도와주시겠어요? 아저씨는 운전 경험이 많으니까 잘 하실 수 있을 거예요. 그 대신 제가 택시안에서 경적을 울리고 있을 게요!"

Therapy

또 참으로 나와 멍에를 같이한 네게 구하노니 복음에 나와 함께 힘쓰던 저 여인들을 돕고 또한 글레멘드와 그 외에 나의 동역자들을 도우라. 그 이름들이 생명책에 있느니라.

| 빌4:3

자동차 정비사건

어떤 여집사님 한 분이 우박 폭풍이 몰아치던 날 마티즈를 몰고 집으로 돌아오고 있었다.

골프공만한 우박 덩이가 그녀의 차를 난타했고, 차는 온통 홈집투성이가 되고 말았다. 그녀는 차를 몰고 자동차 정비소로 가서 어떻게 해야 할지를 물었다.

그러자 정비공이 그녀에게 비용은 최소 100만원이 들 것이라고 대답했다. 그녀는 엄청난 수리비에 놀라며 다른 방법이 없는지를 물었다.

정비공은 그녀를 좀 놀려주려고 이렇게 대답했다.
"글쎄요, 배기 파이프를 아주 세게 불면 다시 펴질 수도 있겠죠."

결국 여집사님은 돈을 아끼기 위해 한번 시도나 해봐야겠다면서 차를 몰고 집으로 돌아왔다.

다음날 아침, 이웃집 여자가 그 여집사님을 만나러 갔을 때, 그녀는 차고에서 자동차 배기 파이프를 물고 있었다.

깜짝 놀란 이웃집 여자는 그녀가 자살을 하려는 줄 알고 다급하게 소리쳤다.
"아니, 지금 뭐하고 있는 거예요?!"

그러자 여집사님이 배기파이프에서 입을 떼며 말했다.
"차 흠집 좀 펴려고요!"

그제야 상황을 알아차린 이웃집 여자는 이렇게 충고했다.
"아휴, 저렇다니까. 그렇게 해서는 안 돼요. 창문을 닫고 불어야죠!"

Therapy

욥이 대답하여 이르되, 네가 힘없는 자를 참 잘도 도와주는구나. 기력 없는 팔을 참 잘도 구원하여 주는구나. 지혜 없는 자를 참 잘도 가르치는구나. 큰 지식을 참 잘도 자랑하는구나. 네가 누구를 향하여 말하느냐. 누구의 정신이 네게서 나왔느냐.
| 욥26:1~4 |

서둘러 오느라고

한적한 국도변에 차들의 과속을 막기 위해 경찰관 모양의 마네킹이 세워져 있었다.

이 집사님도 처음에는 마네킹에 속아 속도를 줄이곤 했지만, 몇 번 경험하다 보니 이제는 별로 신경쓰지 않는 습관이 생겼다.

그러던 어느 날, 이 집사님이 평소처럼 제한속도를 넘겨 그곳을 지나고 있는데, 갑자기 마네킹 뒤에서 진짜 경찰관이 튀어나왔다.

어이없이 단속에 걸리고 만 이 집사님은 차를 도로변에 세웠다.

경찰관이 다가와서 말했다.
"이럴 줄 알고 기다리고 있었습니다!"

그러자 이 집사님은 얼떨결에 이렇게 대답했다.
"기다릴 것 같아서 저도 될 수 있는 한 빨리 달려왔습니다!"

Therapy

나 곧 내 영혼은 여호와를 기다리며 나는 주의 말씀을 바라는 도다. 파수꾼이 아침을 기다림보다 내 영혼이 주를 더 기다리나니 참으로 파수꾼이 아침을 기다림보다 더하도다.
| 시130:5~6 |

동승자

어떤 남자가 자동차전용도로에서 유유히 휘파람을 불며 오토바이를 타고 가다가 교통경찰에게 잡혔다.

경찰이 오토바이를 정지시키고 말했다.
"여기는 자동차전용도로입니다. 아주 위험천만한 행위를 하셨어요. 도로교통법 5조 2항에 의거 벌금이 3만원입니다."

그러자 남자가 경찰에게 말했다.
"위험하긴 하지만 내 뒤엔 하나님이 타고 계시기 때문에 난 걱정 안 합니다. 벌금은 사양하겠습니다."

남자의 말을 들은 경찰은 즉시 허리춤에서 스티커를 꺼내면서 말했다.

"그렇다면 벌금이 6만원입니다. 면허증 제시하시죠."

그러자 남자가 펄쩍 뛰며 항의했다.
"아니, 방금 벌금이 3만원이라 해놓고 갑자기 두 배로 뛰는 이유는 뭐요?"

그러자 교통경찰이 대답했다.
"1인승 오토바이에 2명이 탔잖아요!"

Therapy

예수께서 가라사대 너는 나를 본 고로 믿느냐, 보지 못하고 믿는 자들은 복되도다 하시니라.
| 요20:29 |

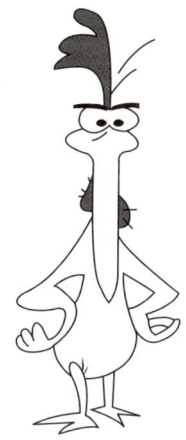

자동 잠금장치

친구의 소개로 선을 본 남녀가 있었다. 둘 다 서로 마음에 들어 다시 만날 약속을 하고 남자가 여자를 차로 바래다주는 상황이었다.

함께 차를 타고 여자가 사는 동네로 달리던 중 갑자기 '드륵!' 하는 소리와 함께 차문이 잠겼다.

여자가 당황하며 말했다.
"어머! 오늘 처음 만난 사인데 왜 차문을 잠그고 그러세요? 안 그렇게 봤는데 엉큼하시네요!"

그러자 남자 역시 당황하며 대답했다.
"아 네, 그게… 제 차는 60킬로가 넘으면 차문이 저절로 잠기거든요!"

순간, 발끈해진 여자가 이렇게 얼버무렸다.
"전, 다이어트해서 60킬로 안 넘어요!"

Therapy

너희는 재판할 때나 길이나 무게나 양을 잴 때 불의를 행하지 말고, 공평한 저울과 공평한 추와 공평한 에바와 공평한 힌을 사용하라. 나는 너희를 인도하여 애굽 땅에서 나오게 한 너희의 하나님 여호와이니라.
| 레19:35~36 |

할머니들의 자랑

네 명의 할머니가 한자리에 모여 서로 자식 자랑을 했다.

먼저 첫 번째 할머니가 자랑했다.
"우리 아들은 신부님이라, 성당 사람들이 '아버님'이라고 부른다우."

그러자 두 번째 할머니가 자랑했다.
"우리 아들은 주교님이라, 사람들이 '주님'이라 부르는데…"

이번엔 세 번째 할머니가 자랑했다.

"그 정도 가지고 뭘 그래요. 우리 아들은 추기경이라 사람들이 '전하'라 부르는데…"

그러자 지금까지 잠자코 있던 네 번째 할머니가 한마디 했다. "다들 대단하구먼. 그런디 말이우, 우리 손녀는 키 크고 날씬한데다 가슴 38, 허리 28, 힙 34, 쭉쭉 빵빵 인지라 보는 사람마다 뭐라는 줄 아슈?… '오 마이 갓!' 그런다우."

Therapy

여호와께서 이와 같이 말씀하시되, 지혜로운 자는 그의 지혜를 자랑하지 말라. 용사는 그의 용맹을 자랑하지 말라. 부자는 그의 부함을 자랑하지 말라. 자랑하는 자는 이것으로 자랑할지니 곧 명철하여 나를 아는 것과 나 여호와는 사랑과 정의와 공의를 땅에 행하는 자인 줄 깨닫는 것이라. 나는 이 일을 기뻐하노라 여호와의 말씀이니라.
| 렘9:23~24

이름도 인연

한 노총각이 있었다. 그의 이름은 '신중'이고, 성은 '임'이었다. 그래서 붙여 부르면 '임신중'이었다.

어느 날, 그가 선을 보게 되었다. 그는 선을 보러 온 아가씨에게 자기소개를 했다.
"안녕하세요? 제 이름은 '임신중'입니다."

그러자 아가씨가 갑자기 웃음을 터뜨렸다. 남자가 왜 웃느냐고 묻자 그녀가 대답했다.
"제 이름은 '오개월'이거든요."

그로부터 5개월 후, 두 사람은 많은 친지들의 축복속에 결혼식을 올렸다.

Therapy

그 때에 여호와를 경외하는 자들이 피차에 말하매 여호와께서 그것을 분명히 들으시고 여호와를 경외하는 자와 그 이름을 존중히 여기는 자를 위하여 여호와 앞에 있는 기념책에 기록하셨느니라.

| 말3:16 |

이름이 두 개

다섯 살짜리 조카가 자기 친구와 놀다가 이모가 들어오자 친구에게 자랑을 한답시고 이렇게 말했다.
"우리 이모는 이름이 두 개다. 하나는 정은이고 하나는 에스더야!"

그러자 친구도 조카에게 질세라 이렇게 대꾸했다.
"우리 이모도 이름이 두 개야. 하나는 은주이고 하나는 처제야!"

Therapy

내가 지을 새 하늘과 새 땅이 내 앞에 항상 있는 것 같이 너희 자손과 너희 이름이 항상 있으리라 여호와의 말이니라.
| 사66:22 |

> 그냥 웃기

재미있는 닉네임들

- 노스트라단무지, 사담후시딘, 오드리될뻔, 브룩실패, 안졸리나졸리지, 옷삶아빛나데

- 닭큐멘터리, 초보파이, e-뻔한세상, 오마이닭, 십점만점에백점, 흔들린우동

- 바람과함께살빠지다, 천국의계란, 짱구는옷말려, 아기공룡둘째, 선녀와사겼꾼

- 뱃살공주, 발광머리앤, 백마타고온환자, 신밧드의보험, 오즈의맙소사, 세일러묵

Therapy

그가 별들의 수효를 세시고 그것들을 다 이름대로 부르시는도다. 우리 주는 위대하시며 능력이 많으시며 그의 지혜가 무궁하시도다.
| 시147:4~5

그냥 웃기

말실수 유머 모음

- 어떤 대학생이 아침에 교회에 나가 열심히 기도하다가 아르바이트 하러 패스트푸드점에 갔는데, 들어오는 손님한테 한다는 말이 "주님, 무엇을 도와드릴까요?" ㅋㅋ 너무 성령 충만해서…

- 제 친구는 남자친구랑 정말 심각한 대화중에 거의 울 듯한 목소리로 이렇게 말했어요. "우리 정말 갱년기인가봐!" ㅠㅠ 권태기겠지… 옆에 있던 저는 거의 쓰러짐.

- 저는 결혼해서 시아버지랑 단 둘이 있게 되었을 때, 서먹한 분위기를 깨려고 마당에서 뛰어노는 강아지를 바라보시는 시아버지께 "아버님, 개 밥 드릴까요?"했다가 순간 뭔가 잘못된 걸 알았고, 그날 이혼 당하는 줄 알았답니다.

- 저는 조카에게 동화책을 사주려고 서점에 가서 직원에게 한다는 말이 "돼지고기 삼형제 있어요?" ㅠㅠ 아기돼지 삼형제 인데… 완전 부끄…

- 저는 친구가 동사무소에 주민증 재발급 받으러 간다기에 따라갔는데, 친구가 일 다 마치고 나오면서 동사무소 직원에게 이러더군요. "많이 파세요!~" 뭘 팔어?…

- 전 오랜만에 짧은 치마를 입고 외출하려는데, 저를 본 우리 엄마 왈 "오, 치마가 너무 스타트한데?!…" 엄마~ 스타트가 아니라 타이트예요!

- 제 친구는 중국집에 쟁반자장과 탕수육을 시킨 후, 한참이 지나도 오지 않자 다시 전화를 걸어서 "에~ 아까 배달한사람인데요…" 옆에 있던 저랑 다른 친구는 쓰러지고…

- 저는 치킨집에 전화해서 '치킨 이름이 그거 머지?' 생각하다가 문득 떠오른 말, "저~ 살 없는 치킨 있죠?" 순간, 아이구 이런! 뼈 없고 살만 있는 건데…

- 저는 치킨 시켜놓고 기다리는데 '떵동~' 초인종 소리가 나기에 "누구세요?~" 했더니, 잠깐의 침묵이 흐른 뒤 밖에서 배달 온 아저씨가 "접니다!" … 아저씨, 복 많이 받으세요. 꾸벅!

- 저는 아이스크림 먹자는 회사 언니한테, 갑자기 바닐라가 생각이 안 나서 한다는 말이 "언니 전 아이보리 맛이요!" 순간, 사람들이 다 나를 쳐다보고…

- 제 친구는 지난겨울에 집에 오다가 배가 출출해서 떡볶이랑 오뎅 파는 가게에 들러서 아줌마한테 한다는 말이 "아줌마, 오뎅 천원어치 얼마예여?" ㅋㅋ…

- 저는 맥도날드에 가서 불고기버거를 시켰는데, 점원이 갑자기 "드시고 갈 거예요, 가져가실 거예요?" 하기에 얼떨결에 한다는 말이 "어떻게 할까요?" 했어요. 뭘 어떡해?…

- 슈퍼마켓에 같이 간 친구가 라면 코너에서 한참을 뒤지더니 아줌마한테 한다는 말이 "아줌마, 여기 너구리 순진한 맛 없어요?"… 야, 너구리 순한 맛이겠지!

- 제가 친구한테 전화해서 "나 오늘 한국 도착해. 공항에 데리러 와!" 했더니 친구 왈 "알았어, 비행기 몇 시에 추락해?…" 이런! 착륙이겠지…

Therapy

우리가 다 실수가 많으니 만일 말에 실수가 없는 자라면 곧 온전한 사람이라 능히 온 몸도 굴레 씌우리라. 우리가 말들의 입에 재갈 물리는 것은 우리에게 순종하게 하려고 그 온 몸을 제어하는 것이라.
| 약3:23 |

5장

그들은 웃음의 도를 터득한 인생애호가들이다

유머리스트(Humorist)

유머리스트가 볼 때, 이(利)와 의(義)에만 급급한 사람은 그저 가소로울 뿐이다.

유머의 경지는 심원하고 초탈한 것이어서 화를 낼 줄 모르고 그저 웃을 줄만 안다.

유머는 우리가 '인생은 허무와 허위'라는 사실을 알게 된다 하더라도, 그것을 환멸의 고통으로 느끼기보다는 한바탕 웃음으로 날려버릴 수 있게 해준다.

유머리스트는 이상에 눈먼 공상가도 아니요, 세속에 찌든 욕심꾼도 아니다. 그들은 웃음의 도를 터득한 인생애호가들이다.

아담과 하와의 복수

어느 공원에 아담과 하와의 동상이 있었다. 그것은 수십 년 전에 만들어진 것으로 그들은 오랜 동안 서로 마주보고 있었다.

어느 날, 하나님께서 그들을 긍휼히 여겨 단 10분 동안만이라도 살아있는 인간이 되게 해주려고 이렇게 말씀하셨다.
"내가 10분 동안 그대들을 살아있는 인간이 되게 해줄 테니, 짧은 시간이지만 그동안 너희들이 가장 하고 싶었던 일을 하거라."

이렇게 해서 하나님이 동상의 코에 생기를 불어넣자마자, 그들은 동시에 쏜살같이 숲속으로 달려갔고 잠시 후 숲이 진동하기 시작하면서 나뭇잎이 심하게 흔들렸다.

하나님은 그들이 과연 무슨 짓을 하는지 궁금했다. 그래서 슬그머니 숲속을 들여다보았다.

그랬더니 두 사람은 각자 비둘기 한 마리씩을 잡아놓고 그 머리 위에다 용변을 보면서 이렇게 소리치고 있었다.
"이 놈들아, 니들도 한번 당해봐라!"

Therapy

아람 사람이 사마리아를 에워싸므로 성중이 크게 주려서 나귀 머리 하나에 은 팔십 세겔이요 비둘기 똥 사분의 일 갑에 은 다섯 세겔이라 하니, 이스라엘 왕이 성 위로 지나갈 때에 한 여인이 외쳐 이르되 나의 주 왕이여 도우소서.
| 왕하6:25 |

집안 이야기

어린 한나가 엄마한테 물었다.
"엄마, 사람은 어떻게 생겨난 거야?"

엄마가 대답했다.
"하나님이 아담과 하와를 만드셨고, 아담과 하와가 아이를 낳으면서 모든 인류가 생겨난 거란다."

다음날, 한나는 아빠한테 똑같은 질문을 했다. 그러자 아빠가 대답했다.
"아주 옛날에 원숭이가 있었는데, 원숭이들이 점점 변해서 사람이 된 거야."

헷갈린 아이가 다시 엄마한테로 가서 물었다.
"엄마는 하나님이 사람을 만들었다고 하고, 아빠는 원숭이가 변해서 사람이 됐다고 하는데 어떤 게 맞는 거야?"

그러자 엄마가 대답했다.
"응, 그건 별일 아냐. 엄만 엄마네 쪽 집안 얘길 한 거고, 아빤 아빠네 쪽 집안 얘길 한 거란다!"

Therapy

하나님이 자기 형상 곧 하나님의 형상대로 사람을 창조하시되 남자와 여자를 창조하시고, 하나님이 그들에게 복을 주시며 하나님이 그들에게 이르시되 생육하고 번성하여 땅에 충만하라, 땅을 정복하라, 바다의 물고기와 하늘의 새와 땅에 움직이는 모든 생물을 다스리라 하시니라.
| 창1:27~28 |

인구 문제

<u>사회학자</u>와 생물학자가 지구의 인구 폭발 문제에 대해 이야기를 나누고 있었다.

사회학자가 말했다.
"이런 식으로 인구가 증가하다가는 지구엔 사람이 누울 자리도 없게 될 겁니다."

그러자 생물학자가 대답했다.
"그렇지만 그렇게 되면 인구 문제는 자동적으로 해결 될 겁니다."

사회학자가 의아해서 물었다.
"자동적으로 해결되다니요, 그게 무슨 말이죠?"

그러자 생물학자가 대답했다.
"생각해 보세요, 누울 자리가 없는데 어떻게 아이가 만들어지겠어요?"

Therapy

하나님이 그들에게 복을 주시며 하나님이 그들에게 이르시되 생육하고 번성하여 땅에 충만하라. 땅을 정복하라. 바다의 물고기와 하늘의 새와 땅에 움직이는 모든 생물을 다스리라 하시니라.
| 창1:28 |

남자의 젖꼭지

어느 날, 해부학 교수가 강의 도중에 학생들에게 물었다.

"하나님께서 인간을 창조하실 때, 우리 몸의 모든 부위는 하나하나 다 쓸데가 있어서 만드셨습니다. 손톱은 손톱대로, 눈썹은 눈썹대로, 맹장은 맹장대로 다 필요에 의해서 만드셨습니다. 그런데 유독 남자의 젖꼭지만은 왜 그걸 만드셨는지 알 수가 없어요. 혹시 여러분 중에 누가 그걸 왜 만드셨는지 아는 사람 있어요?"

그러자 한 학생이 자신 있게 대답했다.
"교수님, 그건 앞뒤를 구분하기 위해서입니다!"

Therapy

그뿐 아니라 더 약하게 보이는 몸의 지체가 도리어 요긴하고, 우리가 몸의 덜 귀히 여기는 그것들을 더욱 귀한 것들로 입혀 주며, 우리의 아름답지 못한 지체는 더욱 아름다운 것을 얻느니라. 그런즉 우리의 아름다운 지체는 그럴 필요가 없느니라. 오직 하나님이 몸을 고르게 하여 부족한 지체에게 귀중함을 더하사, 몸 가운데서 분쟁이 없고 오직 여러 지체가 서로 같이 돌보게 하셨느니라.
| 고전12:22~25 |

씨 없는 수박

신앙심 깊은 김 집사님은 다른 동네로 이사를 가자마자, 좋은 동네로 이사를 오게 해 준 것에 대해 아내와 함께 하나님께 감사기도를 드렸다.

그리고 다음날, 그가 근처 마트에 가서 수박을 사가지고 나오는데 보는 사람마다 얼굴 가득 미소를 지으며 웃는 것이었다. 계산하는 카운터 여직원도 웃고, 나오면서 만나는 손님들도 다 자기를 보고 웃었다.

김 집사님은 기분이 좋아서 집에 돌아오자마자 아내에게 말했다.

"여보, 이 동네에는 마음씨 좋은 사람들만 사는 것 같애. 만나는 사람마다 다 나를 보고 활짝 웃더라구."

그러자 아내가 남편의 아래위를 훑어보더니 이렇게 말했다.
"아이구 여보, 그런 소리 말고 어서 바지 앞에 붙은 씨 없는 수박 스티커나 떼요!"

Therapy

내가 네게 큰 복을 주고 네 씨가 크게 번성하여 하늘의 별과 같고 바닷가의 모래와 같게 하리니 네 씨가 그 대적의 성문을 차지하리라. 또 네 씨로 말미암아 천하 만민이 복을 받으리니 이는 네가 나의 말을 준행하였음이니라 하셨다 하니라.
| 창22:17~18

댄스 기빙!

경마에 빠져 가진 돈을 다 날린 한 남자가 이제 집으로 돌아갈 수 없게 되자, 마지막 수단으로 근처 교회에 가서 하나님께 도와달라고 기도를 드렸다.

그가 간절히 기도하자 얼마 후 하나님께서 응답하셨다. "애야, 내가 잃은 돈을 전부 채워주마. 대신 너는 집으로 돌아가서 아내 앞에 무릎을 꿇고 '댄스 기빙!(Thanks Giving!)' 이라고 외치거라. 그런 다음 네 지갑을 열어 보면 잃은 돈이 전부 채워져 있을 것이다. 단, 그 말은 한 번 밖에 사용할 수 없고 누구든 네 앞에서 그 말을 반복하면 돈은 다시 없어지게 될 것이다."

남자는 뛸 듯이 기뻤다. 그는 서둘러 집으로 향했다.

그는 집에 도착하자마자 아내를 불러 그 앞에 무릎을 꿇고 큰 소리로 외쳤다.
"댕스 기빙!"

그러자 아내가 역정을 내며 그에게 말했다.
"일주일 만에 집에 들어와서 느닷없이 '댕스 기빙'이 뭔 개 풀 뜯어먹는 소리예요?!"

Therapy

그에게서 그 한 달란트를 빼앗아 열 달란트 가진 자에게 주라. 무릇 있는 자는 받아 풍족하게 되고, 없는 자는 그 있는 것까지 빼앗기리라. 이 무익한 종을 바깥 어두운 데로 내쫓으라. 거기서 슬피 울며 이를 갈리라 하니라.
| 마25:28~30 |

금주

어떤 남자가 새해에는 술을 끊겠다고 하나님께 맹세했다.

그런데 그가 상가 앞을 지나다가 주류백화점 진열장에 밸런타인 30년 산 양주가 진열되어 있는 것을 보았다. 그것은 빛깔도 황홀할 만큼 아름다웠다.

무심코 가게 안으로 들어간 남자는 주인에게 물었다.
"이 양주 얼맙니까?"

그러자 갑자기 하늘이 어두워지고 천둥소리가 들려왔다.

남자는 깜짝 놀라 황급히 하늘을 쳐다보며 말했다.
"아이구 하나님! 그저 값만 물어 봤을 뿐인데 뭘 그러십니까?"

Therapy

그러므로 제단으로 맹세하는 자는 제단과 그 위에 있는 모든 것으로 맹세함이요, 또 성전으로 맹세하는 자는 성전과 그 안에 계신 이로 맹세함이요, 또 하늘로 맹세하는 자는 하나님의 보좌와 그 위에 앉으신 이로 맹세함이니라.
| 마23:20~22 |

베드로의 판결

어떤 남자가 죽어서 하늘나라에 갔다.

베드로가 그에게 천국과 지옥 중 어디로 가기를 원하느냐고 물었다.

그가 천국으로 가기를 원한다고 대답하자 베드로가 다시 물었다.
"혹시 생전에 나쁜 짓 한 적은 없나?"

남자가 의기양양하게 대답했다.
"돈을 좀 훔치긴 했지만 많이는 안 훔쳤어요. 그리고 강도질을 하긴 했지만 오래는 안 했어요!"

그러자 베드로가 심판했다.
"좋아, 그럼 이렇게 하지. 내가 자네를 아주 뜨거운 곳으로 보낼 텐데 아주 많이 뜨겁게는 하지 않겠다. 그리고 그곳에 한 천년쯤 있어야 하는데 그 시간을 영원이라 부르지는 않겠다!"

Therapy

이제 내가 속히 분을 네게 쏟고 내 진노를 네게 이루어서 네 행위대로 너를 심판하여 네 모든 가증한 일을 네게 보응하되, 내가 너를 불쌍히 여기지 아니하며 긍휼히 여기지도 아니하고 네 행위대로 너를 벌하여 너의 가증한 일이 너희 중에 나타나게 하리니 나 여호와가 때리는 이임을 네가 알리라.

| 겔7:8~9

베드로의 명령

천국 입국장 안에서 베드로가 잠시 쉬고 있는데 밖이 소란스러웠다.

그가 문을 열고 나가자 방금 도착한 어떤 사내가 천사와 승강이를 벌이고 있었다.

베드로가 천사에게 물었다.
"왜 이리 시끄러우냐?"

그러자 천사가 대답했다.
"이놈이 살아있을 때 많은 여자들을 농락해서 지옥에 보내려고 하는데, 자기도 착한 일 한 가지는 했으니 천당에 보내달라고 우기지 뭡니까!"

베드로가 사내에게 물었다.
"그래, 네가 어떤 착한 일을 했느냐?"

사내가 대답했다.
"제가 어느 날 길을 가다가 천원을 주웠거든요. 그런데 그걸 거지에게 줬어요!"

말을 마친 사내는 의기양양해서 마음속으로 천당 갈 준비를 했다.

그러자 베드로가 천사에게 이렇게 명령했다.
"여봐라, 저놈한테 천원을 줘서 지옥으로 보내거라!"

Therapy

사람들 사이에 시비가 생겨 재판을 청하면 재판장은 그들을 재판하여 의인은 의롭다 하고 악인은 정죄할 것이며, 악인에게 태형이 합당하면 재판장은 그를 엎드리게 하고 그 앞에서 그의 죄에 따라 수를 맞추어 때리게 하라.
| 신25:1~2 |

저항의 이유

한 중년 남자가 저녁에 집으로 가는 도중에 불량배들을 만났다.

그는 돈을 빼앗으려 달려드는 불량배들과 맞서서 맹렬히 싸웠지만 결국은 제압당하고 말았다.

불량배들은 남자가 그토록 맹렬히 저항한 걸 보면 분명히 많은 돈을 가지고 있을 거라고 판단하면서 열심히 뒤졌지만, 돈은 겨우 천원밖에 나오지 않았다.

어이가 없어진 불량배 두목이 남자에게 물었다.

"아저씨, 겨우 천원밖에 갖고 있지 않으면서 왜 죽기 살기로 저항한 거요?"

그러자 남자가 옷을 툭툭 털면서 대답했다.
"난, 자네들이 내 양말 속에 숨겨놓은 백만 원짜리 수표를 뺏으려는 줄 알았지!"

Game over!

Therapy

네가 나의 인내의 말씀을 지켰은즉 내가 또한 너를 지켜 시험의 때를 면하게 하리니 이는 장차 온 세상에 임하여 땅에 거하는 자들을 시험할 때라. 내가 속히 오리니 네가 가진 것을 굳게 잡아 아무도 네 면류관을 빼앗지 못하게 하라.
| 계3:10~11 |

회사 승계자

어느 날, 재벌회사 회장님이 직원 한 사람을 불러서 물었다.
"자네가 우리 회사에 들어온 지 1년이 되었구먼. 자넨 입사 일주일 만에 대리가 되었고, 한 달 만에 과장, 6개월 후엔 부장, 그리고 지난달엔 부사장이 되었네. 이제 내가 이 회사를 자네한테 맡기고 싶네. 자네 생각은 어떤가?"

직원이 대답했다.
"고마워요."

회장은 직원을 똑바로 쳐다보며 다시 물었다.
"고마워요?… 그게 자네 할 말의 전부인가?"

직원이 대답했다.
"아니요."

회장이 다시 물었다.
"좋아, 그럼 제대로 말해보게."

그러자 직원이 대답했다.
"고마워요, 장인어른!"

Therapy

내가 또 말하노니 유업을 이을 자가 모든 것의 주인이나 어렸을 동안에는 종과 다름이 없어서 그 아버지가 정한 때까지 후견인과 청지기 아래에 있나니, 이와 같이 우리도 어렸을 때에 이 세상의 초등학문 아래에 있어서 종노릇 하였더니, 때가 차매 하나님이 그 아들을 보내사 여자에게서 나게 하시고 율법 아래에 나게 하신 것은 율법 아래에 있는 자들을 속량하시고 우리로 아들의 명분을 얻게 하려 하심이라.
| 갈4:1~5

웃기는 일

세계 최고의 부자인 빌 게이츠가 길을 가다가 100달러짜리 지폐 한 장(우리나라 돈으로 약 12만원)이 떨어져 있는 것을 발견했을 때,

그는 그 돈을 줍지 않고 그냥 스케줄대로 움직이는 것이 돈을 더 버는 것이라고 한다.

그런데 웃기는 일은 그도 다음과 같은 이메일을 자주 받는다는 것이다.

"당신을 최고의 부자로 만들어 드립니다!"

Therapy

그러므로 나는 달음질하기를 향방 없는 것 같이 아니하고 싸우기를 허공을 치는 것 같이 아니하며, 내가 내 몸을 쳐 복종하게 함은 내가 남에게 전파한 후에 자신이 도리어 버림을 당할까 두려워함이로다.

| 고전9:26~27 |

빌 게이츠의 묘비명

컴퓨터의 황제이자 세계 최고의 부자인 빌 게이츠가 죽었다. 그의 가족들은 그의 묘비명을 어떻게 써야 할지 의논했다.

그러자 이 사람 저 사람에게서 다음과 같은 여러 가지 의견들이 나왔다.
"컴퓨터의 황제 여기 잠들다."
"빌 게이츠 컴퓨터 역사에 영원히 기억되리."
"빌 게이츠 모든 이를 편하게 해주고 본인도 여기 편히 잠들다."

그리고 그 외에도 여러 가지 묘비명들이 나왔지만, 모든 사람이 흔쾌히 공감할 수 있는 그런 묘비명은 제시되지 않았다.

그런데 그때, 뒤쪽에 서있던 누군가가 이렇게 소리쳤다.
"오늘 마침내 빌 게이츠님이 이 세상에서 로그아웃 하시고, 천국으로 로그인 하셨습니다!"

그러자 그 기발한 표현에 모두가 감탄했고, 빌 게이츠의 묘비명은 '00년 00월 00일 빌 게이츠님이 이 세상에서 로그아웃 하시고, 천국으로 로그인 하시다'로 정해졌다.

Therapy

예수께서 이르시되 나는 부활이요 생명이니 나를 믿는 자는 죽어도 살겠고, 무릇 살아서 나를 믿는 자는 영원히 죽지 아니하리니 이것을 네가 믿느냐.
| 요11:25~26 |

직업별 최고의 거짓말 모음

- 사장 : 우리 회사는 바로 사원 여러분의 것입니다.

- 회사원 : 예, 다 되어갑니다.

- 옷가게 주인 : 어머, 언니한테 딱이네. 완전 맞춤이야!

- 웨딩사진사 : 내가 본 신부 중에 젤 예뻐요!

- 중국집 주인 : 죄송합니다. 지금 방금 출발했습니다.

- 미스코리아 : 그럼요, 내적인 미가 더 중요하죠.

- 신인 배우 : 외모가 아닌 실력으로 인정받고 싶어요.

- 연예인 : 우린 그냥 친구 사이일 뿐이에요!

- 간호사 : 이 주사는 하나도 안 아파요.

- A/S기사 : 이런 고장은 처음 봅니다.

- 정치가 : 진실은 법정에서 밝히겠습니다.

- 교장 선생님 : 마지막으로 한 마디만 더 하겠습니다.

- 선생님 : 이건 꼭 시험에 나온다.

- 수능 출제위원 : 이번 수능시험은 정상적인 학과 과정을 이수한 학생이면 누구나 쉽게 풀 수 있는 문제들만 출제했습니다.

- 수석합격생 : 잠은 충분히 자고, 학교 공부만 충실히 했습니다.

Therapy

이와 같이 우리 많은 사람이 그리스도 안에서 한 몸이 되어 서로 지체가 되었느니라. 우리에게 주신 은혜대로 받은 은사가 각각 다르니 혹 예언이면 믿음의 분수대로, 혹 섬기는 일이면 섬기는 일로, 혹 가르치는 자면 가르치는 일로, 혹 위로하는 자면 위로하는 일로, 구제하는 자는 성실함으로, 다스리는 자는 부지런함으로, 긍휼을 베푸는 자는 즐거움으로 할 것이니라.

| 롬12:5~8

하나님의 감시

김 집사님이 연회에 참석하여 뷔페식당에 들어가 보니 비싼 가제 요리를 담아 놓은 쟁반 위에 이런 팻말이 붙어 있었다. "가제 요리는 조금씩만 담아가세요. 하나님이 지켜보고 계십니다!"

그가 여러 가지 음식이 놓여 있는 테이블을 따라가다 보니 그 끝에는 등심 요리를 담은 쟁반이 놓여있고, 거기에는 누군가 급하게 휘갈겨 쓴 이런 쪽지가 붙어 있었다.
"등심 요리는 마음껏 담아가세요. 하나님은 가제 요리를 감시하느라 저쪽에 계십니다!"

Therapy

내가 주의 영을 떠나 어디로 가며 주의 앞에서 어디로 피하리이까. 내가 하늘에 올라갈지라도 거기 계시며 스올에 내 자리를 펼지라도 거기 계시니이다.
| 시139:7~8 |

하나님께서 보시면

같은 교회에 다니는 성도 한 사람이 김 집사님을 찾아와서 부탁을 했다.
"김 집사님, 제가 급히 돈이 좀 필요해서 그러는데 5백만 원만 빌려줄 수 있나요?"

김 집사님은 그 성도가 평소 신용이 좋지 않다는 걸 소문을 들어 잘 알고 있었다.

그렇지만 면전에서 부탁을 거절하자니 무척 난처했다. 그래서 할 수 없이 이렇게 말했다.

"빌려드리긴 하겠는데 이자는 9부로 하죠."
그러자 그 성도가 펄쩍뛰며 말했다.
"아니 9부라니요, 같은 교인끼리 너무한 거 아닙니까? 하나님께서 보시면 뭐라고 하시겠어요?"

그러자 김 집사님이 웃으면서 대답했다.
"그야, 하나님께서 위에서 보시면 당연히 6부겠죠!"

Therapy

백성과 제사장이 같을 것이며, 종과 상전이 같을 것이며, 여종과 여주인이 같을 것이며, 사는 자와 파는 자가 같을 것이며, 빌려 주는 자와 빌리는 자가 같을 것이며, 이자를 받는 자와 이자를 내는 자가 같을 것이라.
| 사24:2

물위를 걸은 이유

김 집사님 일행이 성지순례 여행을 가서 갈릴리 바다를 배로 건너게 되었다. 그런데 뱃삯이 한 사람 당 무려 20달러나 되었다.

일행 중 한 사람이 안내원에게 물었다.
"도대체 뱃삯이 왜 이렇게 비싼 거죠?"

이에 안내원이 대답했다.
"여기가 예수님이 물 위를 걸으신 바로 그곳이거든요!"

그러자 일행 중 다른 한 사람이 이렇게 중얼거렸다.
"오메, 뱃삯이 얼마나 비쌌으면 예수님께서 물 위를 걸으셨을까?"

Therapy

밤 사경에 예수께서 바다 위로 걸어서 제자들에게 오시니, 제자들이 그가 바다 위로 걸어오심을 보고 놀라 유령이라 하며 무서워하여 소리지르거늘, 예수께서 즉시 이르시되 안심하라 나니 두려워하지 말라.
| 마14:25~27 |

사탄의 작전

크리스천 전멸작전을 펴던 사탄이 부하들로부터 중간 보고를 받았다.

한 부하가 앞으로 나서며 말했다.
"대장님, 저는 옥에 갇힌 예수쟁이들에게 사자를 보냈습니다. 그런데 그들은 사자의 이빨 앞에서도 평화롭게 기도를 했습니다."

그러자 사탄이 말했다.
"오, 그래? 못된 것들 같으니라구. 앞으론 더욱 강력한 방법을 쓰도록 해라!"

다음은 다른 부하가 나서며 말했다.
"대장님, 저는 바다를 항해하는 예수쟁이들에게 폭풍우를 일으켰습니다. 그런데 그들은 조난을 당하고서도 암초위에 올라가 찬송가를 불렀습니다."

사탄이 말했다.
"사악한 무리들 같으니라구. 허리케인으로 싹 쓸어버리도록 해라!"

이번엔 또 다른 부하가 나서며 말했다.
"대장님, 저는 큰 교회를 찾아가 3년 동안 모든 일이 잘되고 평안하도록 했습니다."

사탄이 화를 버럭 내며 말했다.
"뭐라구! 니가 지금 제정신이냐, 너는 누구 편이냐?"

그러자 부하가 이렇게 대답했다.
"대장님, 제 말을 더 들어보십시오. 그랬더니 저들의 영과 육이 완전히 썩어버렸나이다!"

Therapy

이것은 이상한 일이 아니니라. 사탄도 자기를 광명의 천사로 가장하나니. 그러므로 사탄의 일꾼들도 자기를 의의 일꾼으로 가장하는 것이 또한 대단한 일이 아니니라. 그들의 마지막은 그 행위대로 되리라.
| 고후11:14~15 |

하나님의 칭찬

매우 난폭하게 살아온 총알택시 운전사와 매우 착하게 살아온 목사님이 죽어서 함께 천국에 갔다.

그런데 하나님께서는 목사님보다 총알택시 운전사를 더 많이 칭찬하셨다.

섭섭해진 목사님이 하나님께 항의했다.
"하나님, 제가 총알택시 운전사보다도 더 못한 삶을 살았다는 건가요?"

그러자 하나님께서 이렇게 대답하셨다.
"너는 많은 사람들을 늘 졸게 했지만, 이 친구는 많은 사람들을 늘 기도하게 했느니라."

Therapy

그러므로 때가 이르기 전, 곧 주께서 오시기까지 아무 것도 판단하지 말라. 그가 어둠에 감추인 것들을 드러내고 마음의 뜻을 나타내시리니. 그 때에 각 사람에게 하나님으로부터 칭찬이 있으리라.
| 고전4:5 |

천국 가는 길

어떤 목사님이 다른 교회 부흥회를 인도하러 낯선 도시에 갔다가 길을 잃었다.

한참을 헤매던 목사님은 지나가던 할아버지를 붙잡고 물었다.
"할아버지, 에덴교회가 이 근처 어디에 있는지 아세요? 이 도시에서 제일 큰 교회라고 들었는데…"

그러자 할아버지가 무뚝뚝하게 대답했다.
"바로 뒤에 있잖소!"

목사님은 매우 겸연쩍어서 이렇게 물었다.
"아, 그렇군요. 그런데 할아버지 혹시 교회에 나가세요?"

할아버지가 여전히 무뚝뚝하게 대답했다.
"난, 교회를 싫어해요!"

그래도 목사님은 개의치 않고 제안했다.
"할아버지, 오늘 저녁에 시간이 있으면 제 설교 들으러 오세요. 제가 천국 가는 길을 가리켜 드릴게요."

그러자 할아버지는 멈췄던 걸음을 옮기며 혼잣말처럼 중얼거렸다.
"허참, 바로 뒤에 있는 교회도 모르는 양반이 천국 가는 길을 어떻게 아누?!"

Therapy

형제들아 내가 여러 번 너희에게 가고자 한 것을 너희가 모르기를 원하지 아니하노니, 이는 너희 중에서도 다른 이방인 중에서와 같이 열매를 맺게 하려 함이로되 지금까지 길이 막혔도다.
| 롬1:13 |

할머니의 흡연

선교활동을 위해 벽지 마을에 들어간 젊은 목사님이 그곳 주민들을 상대로 전도를 시작했는데, 그가 무엇보다 못마땅하게 생각한 것은 여자들의 흡연이었다.
어느 날 오후, 오두막 앞을 지나가던 목사님은 한가로이 담배를 즐기고 있는 할머니와 마주쳤다.

그가 할머니에게 말했다.
"할머니, 때가 되어서 천당에 들어갈 때 숨을 헐떡거리며 담배냄새를 풍겨서야 어디 통과시켜 주겠어요?"

그러자 할머니는 물고 있던 담배를 입에서 떼며 대답했다.
"이봐요 젊은이, 천당에 들어갈 땐 이미 숨을 거둔 후에 들어가는 게야!"

Therapy

그리스도께서 이미 육체의 고난을 받으셨으니 너희도 같은 마음으로 갑옷을 삼으라. 이는 육체의 고난을 받은 자는 죄를 그쳤음이니 그 후로는 다시 사람의 정욕을 따르지 않고 하나님의 뜻을 따라 육체의 남은 때를 살게 하려 함이라.
| 벧전4:1~2

배꼽티 사건

지하철의 출입문이 열리자 늘씬한 아가씨가 타더니 어떤 할머니 앞에 가서 섰다.

그러자 앞에 앉아 있던 할머니가 손을 내밀어 그녀의 배꼽티를 자꾸만 아래로 끌어 내렸다.

아가씨는 당황하고 창피해서 '할머니, 왜 그러세요?'라고 말했지만, 할머니는 아랑곳 않고 계속 옷을 아래로 잡아당겼다.

그리고는 아주 인자한 말투로 아가씨한테 말했다.
"아이구 착해라. 요즘도 동생 옷 물려 입는 아가씨가 다 있구먼!"

Therapy

너희의 단장은 머리를 꾸미고 금을 차고 아름다운 옷을 입는 외모로 하지 말고, 오직 마음에 숨은 사람을 온유하고 안정한 심령의 썩지 아니할 것으로 하라. 이는 하나님 앞에 값진 것이니라.
| 벧전3:3~4 |

할머니와 대학생

대전의 한 만원버스 안에서 일어난 일이다. 막 버스에 올라탄 할머니가 몹시 힘든 표정으로 자리를 찾았다.

그러자 어떤 남학생이 얼른 일어나 자리를 양보했다.
"할머니, 여기 앉으세요."

할머니가 자리에 앉으며 말했다.
"에구 고맙네 젊은이. 근디 대학생인가? 어디 다녀?"

학생이 대답했다.
"네, 충남대학교 다녀요."

할머니가 칭찬했다.
"아이구, 심성도 착하고 머리도 좋아 공부도 잘했구먼. 생긴 것도 남자답고!…"

할머니의 칭찬에 그 학생이 머쓱해하고 있는데, 할머니는 옆에 앉은 다른 학생에게 물었다.
"근디, 학생은 어느 대학 다니나?"

그 학생이 대답했다.
"예, 저는 한국과학기술대(KAIST) 다녀요."

그러자 할머니가 딱하다는 듯이 말했다.
"그려, 공부 못하면 일찍부터 기술 배워야제!…"

Therapy

그런즉 형제들아, 내가 너희에게 나아가서 방언으로 말하고 계시나 지식이나 예언이나 가르치는 것으로 말하지 아니하면 너희에게 무엇이 유익하리요. 혹 피리나 거문고와 같이 생명 없는 것이 소리를 낼 때에 그 음의 분별을 나타내지 아니하면 피리 부는 것인지 거문고 타는 것인지 어찌 알게 되리요.

| 고전14:6~7

할머니의 영어 실력

경상도 할머니 한 분이 영어학원에서 영어를 배웠다.

할머니는 실력을 자랑하고 싶은 나머지 네 살짜리 손녀에게 물었다
"한나야, 니 사과가 영어로 뭔 줄 아노?"

그러자 한나가 대답했다.
"사과가 사과지 뭐."

그러자 할머니가 손녀에게 알려줬다.
"사과는 애플이라카는기다, 애플!"

할머니는 이번엔 노인정에 가서 다른 할머니들에게 물었다.
"봐라, 연필이 영어로 뭔 줄 아노?"

그러자 다른 할머니들이 대답했다.
"아이고, 우리가 그걸 우예 아노?"

이에 할머니가 자랑스럽게 말했다.
"그건 펜슬이라카는기다."

급기야 할머니는 이번엔 집에 돌아와서 할아버지에게 물었다.
"영감, 물이 영어로 뭔 줄 아니껴?"

그러자 할아버지가 대답했다.
"거 뭐라카드라. 워~ 어쩌구 하는 거 아이가?"

그러자 할머니가 으스대며 말했다.
"물은 셀프 아닌겨?"

Therapy

그런즉 형제들아 어찌할까. 너희가 모일 때에 각각 찬송시도 있으며 가르치는 말씀도 있으며 계시도 있으며 방언도 있으며 통역함도 있나니 모든 것을 덕을 세우기 위하여 하라.
| 고전14:26 |

전기 요금

어떤 목사님이 교회에 새로 등록한 할머니 댁에 심방을 갔다.
심방예배가 끝난 뒤, 이런 저런 얘기가 오가다가 목사님이 할머니께 요즘 특별히 불편한 건 없냐고 물었다.

이에 할머니는 요즘 전기요금이 너무 많이 나온다며 어찌된 영문인지 모르겠다고 대답했다.

그러자 옆에 있던 할아버지가 한마디 했다.
"요즘엔 임자가 잠잘 때 TV하고 전등을 켜놓고 자잖여!"

그러자 할머니가 말했다.
"그렇지만 잠잘 땐 늘 창문을 닫고 커튼까지 치는디 전기 회사 사람들이 그걸 워찌 알았을까?"

Therapy
이러므로 너희가 어두운 데서 말한 모든 것이 광명한 데서 들리고, 너희가 골방에서 귀에 대고 말한 것이 지붕 위에서 전파되리라.
| 눅12:3 |

할머니의 지급요청서

<u>어떤</u> 할머니가 돈을 찾으러 은행에 갔다.

그런데 할머니가 내민 지급요청서를 보고 은행창구 여직원은 뒤집어졌다.

지급요청서 금액란에 이렇게 씌어 있었던 것이다.
"싹 다"

Therapy

주라. 그리하면 너희에게 줄 것이니 곧 후히 되어 누르고 흔들어 넘치도록 하여 너희에게 안겨 주리라. 너희가 헤아리는 그 헤아림으로 너희도 헤아림을 도로 받을 것이니라.
| 눅6:38 |

지가 와?

주일예배가 끝난 뒤, 교회에 처음 나온 아가씨가 목사님께 물었다.
"목사님, 마리아는 처녀였는데 어떻게 아기를 낳았죠? 그게 말이 되나요?"

목사님이 막 대답을 하려고 하는데, 그때 옆에 있던 할머니 한 분이 이렇게 말했다.
"허참! 남편인 요셉도 가만히 있었는데 지가 와 따지노?"

Therapy

이 일을 생각할 때에 주의 사자가 현몽하여 이르되 다윗의 자손 요셉아, 네 아내 마리아 데려오기를 무서워하지 말라. 그에게 잉태된 자는 성령으로 된 것이라, 아들을 낳으리니 이름을 예수라 하라. 이는 그가 자기 백성을 그들의 죄에서 구원할 자이심이라 하니라.
| 마1:20~21 |

모든 것엔 등급이 있다

- 성도 : 1등급은 설교도 잘 듣고 기도도 잘 하고 봉사도 잘 한다. 2등급은 설교는 잘 듣는다. 3등급은 졸기만 잘 한다.

- 유머 : 1등급은 자다가도 웃는 내용이다. 2등급은 좀 웃기긴 하다. 3등급은 웃기는 놈이다.

- 절도범 : 1등급은 개인 변호사가 있다. 2등급은 집 모양만 봐도 재산이 얼마인지 안다. 3등급은 어디가 돈 되는 집인지 모르고 가끔 경찰집도 털다가 걸린다.

- 커플 매니저 : 1등급은 스머프 같은 키 작은 남자도 결혼시킨다. 2등급은 스머프 같은 남자만 아니면 90% 성공시킨다. 3등급은 본인조차 싱글이다.

- 가수 : 1등급은 노래도 잘 하고 작곡도 잘 한다. 2등급은 랩은 잘 한다. 3등급은 염색만 잘한다.

- 자식 : 1등급은 말도 잘 듣고 공부도 잘 한다. 2등급은 말은 잘 듣는다. 3등급은 연예인만 따라한다.

- 남자 : 1등급은 용모도 준수하고 능력도 있다. 2등급은 용모는 준수하다. 3등급은 성질만 있다.

- 여자 : 1등급은 얼굴도 예쁘고 마음도 곱다. 2등급은 얼굴은 예쁘다. 3등급은 바람만 들었다.

Therapy

하나님이 땅의 짐승을 그 종류대로, 가축을 그 종류대로, 땅에 기는 모든 것을 그 종류대로 만드시니 하나님이 보시기에 좋았더라.
| 창1:25 |

유머의 기법 2

재미있다고 그것을 되풀이하지 말라. 한번 웃고 나면
유머의 효과는 떨어진다.

읽거나 들은대로 하지 말고 자신의 버전으로 하라.
내용을 완전히 숙지하면 자기 맘대로 부풀리거나
응용하거나 생략할 수도 있다.

듣는 사람의 반응을 살펴 반응이 없는 것은 즉각 버리고,
반응이 좋은 것은 더욱 활성화 시켜라.
그래야 시너지효과를 낼 수 있다.

6장

약속대로 기쁨을
누릴 자니라

행복의 자손

<u>그러므로</u> 또한 너희가 유머 안에 거하면 웃음과 함께 깨달음을 얻고 기뻐할지니, 기쁨이 너희를 행복하게 하리라.

이제 너희는 부유한 자나 가난한 자나, 지위 있는 자나 지위 없는 자나, 배운 자나 못 배운 자나 다 웃음 안에서 하나이니라. 너희가 유머를 읽고 큰 소리로 웃으면 이는 곧 행복의 자손이요, 약속대로 기쁨을 누릴 자니라.

어버이날 편지

어버이날을 맞아 학교에서 전교생에게 부모님께 편지를 쓰도록 했다.

담임선생님께 검사를 받고, 어버이날 아침에 부모님께 드리는 행사였다.

그런데 편지를 제출받아 읽어본 담임선생님이 황당한 표정으로 나발을 불렀다.

"이나발, 앞으로 나와 봐!"
나발이 앞으로 나가자 담임선생님은 꿀밤을 한 대 먹이면서 말했다.
"야, 이 편지 니가 큰 소리로 읽어!"

나발이 큰 소리로 편지를 읽었고, 아이들은 뒤집어졌다.
"아버님 어머님, 감사합니다. 자세한 건 집에 가서 말씀드리겠습니다."

Therapy

그러므로 형제들아, 굳건하게 서서 말로나 우리의 편지로 가르침을 받은 전통을 지키라. 우리 주 예수 그리스도와 우리를 사랑하시고 영원한 위로와 좋은 소망을 은혜로 주신 하나님 우리 아버지께서 너희 마음을 위로하시고 모든 선한 일과 말에 굳건하게 하시기를 원하노라.
| 살후2:15~17

시험점수

시험일이 가까워오자 나발은 하나님께 100점 맞게 해달라고 열심히 기도했다. 그러면서 공부는 안 했다.

그러다 시험을 봤는데 아는 문제가 하나도 없었다.

하는 수 없이 나발은 답안지 맨 아래에 이렇게 썼다.
"하나님은 모든 문제의 답을 다 아십니다."

그로부터 일주일 후, 나발이 선생님으로부터 답안지를 되돌려 받았는데 채점 란에 이렇게 씌어있었다.
"하나님은 100점, 너는 0점!"

Therapy

이는 하나님을 알 만한 것이 그들 속에 보임이라 하나님께서 이를 그들에게 보이셨느니라. 창세로부터 그의 보이지 아니하는 것들 곧 그의 영원하신 능력과 신성이 그가 만드신 만물에 분명히 보여 알려졌나니, 그러므로 그들이 핑계하지 못할지니라.
| 롬1:19~20

미술가와 음악가

학교에서 돌아온 나발이 엄마한테 다정하게 물었다.
"엄마, 엄마는 미술가가 좋아요 아니면 음악가가 좋아요?"

엄마가 역시 다정하게 대답했다.
"그야, 둘 다 좋지."

그러자 나발이 자랑스럽게 성적표를 내보였는데, 순간 엄마의 입이 딱 벌어지고 말았다.

성적표에 이렇게 적혀 있었던 것이다.
"미술-가, 음악-가"

Therapy

지혜자들의 말씀들은 찌르는 채찍들 같고 회중의 스승들의 말씀들은 잘 박힌 못 같으니 다 한 목자가 주신 바이니라. 내 아들아 또 이것들로부터 경계를 받으라. 많은 책들을 짓는 것은 끝이 없고 많이 공부하는 것은 몸을 피곤하게 하느니라.
| 전12:11~12

SALT

나발이 영어시험을 보게 되었다. 시험에 'SALT는 무엇인가?'라는 문제가 나왔다. 〈나발 몰래 답을 미리 말하면 그것은 전략무기제한협정(Strategic Arms Limitation Talks)이다.〉

그런데 우리의 나발은 답안지에 '소금'이라고 자신 있게 적었다.

선생님이 지나가다 나발이 쓴 답을 보더니 '야 이 녀석아, 대문자다. 제대로 좀 적어라!'라고 말씀하셨다.

그러자 우리의 나발은 고개를 갸우뚱하더니 다시 자신 있게 이렇게 적었다.

"정답: 굵은소금"

Therapy

소금은 좋은 것이로되 만일 소금이 그 맛을 잃으면 무엇으로 이를 짜게 하리요. 너희 속에 소금을 두고 서로 화목하라 하시니라.
| 막9:50 |

OX 문제

다음날 또 나발이 시험을 치게 되었다. 이번 시험은 모두 OX 문제였다.

시험지가 배부되자 나발은 시험지를 한 번 쭉 훑어보더니 곧바로 주머니에서 동전을 꺼내 위로 던지면서 답을 써 내려갔다. 앞면이 나오면 O, 뒷면이 나오면 X를 썼다.

나발은 10분 만에 답안지를 다 작성했다. 다른 친구들은 아직도 진땀을 흘리며 문제를 풀고 있었다.

나발은 남은 시간 동안 낙서를 즐기면서 여유를 부렸다. 그러다 시험시간이 거의 다 되었을 때, 갑자기 동전을 다시 던지면서 다급하게 답을 고쳐 쓰기 시작했다.

의아하게 생각한 선생님이 나발에게 다가와서 물었다.
"야, 이제 시간 다 됐어. 어서 답안지 제출해!"

그러자 나발이 당황하며 다급하게 말했다.
"선생님 잠깐만요, 제가 답을 한 칸씩 내려썼거든요!"

Therapy

그러므로 내 초조한 마음이 나로 하여금 대답하게 하나니 이는 내 중심이 조급함이니라. 내가 나를 부끄럽게 하는 책망을 들었으므로 나의 슬기로운 마음이 나로 하여금 대답하게 하는구나.
| 욥20:2~3 |

애꿎은 에디슨

엄마가 공부를 지지리도 못하는 나발에게 꾸중을 했다.
"아니, 넌 누굴 닮아서 그렇게 공부를 못하니? 제발 책상 앞에 앉아서 공부 좀 해라!"

그러자 나발은 미안한 기색도 없이 오히려 이렇게 말했다.
"엄마, 엄마는 에디슨도 몰라요? 에디슨은 공부를 못했어도 훌륭한 발명가가 됐어요. 공부가 전부는 아니잖아요."

그러자 화가 난 엄마가 나발에게 큰 소리로 말했다.
"이 녀석아, 에디슨은 영어라도 잘했잖아!"

Therapy

네 자식을 징계하라. 그리하면 그가 너를 평안하게 하겠고 또 네 마음에 기쁨을 주리라. 묵시가 없으면 백성이 방자히 행하거니와 율법을 지키는 자는 복이 있느니라.
| 잠29:17~18

좋은 소식

학교에서 돌아온 나발이 아빠한테 말했다.
"아빠, 좋은 소식이 있어요."

아빠가 물었다.
"좋은 소식? 그게 뭐냐?"

나발이 말했다.
"제가 이번 시험에서 50점 이상 받으면 아빠가 상금으로 5만 원 주시기로 했잖아요?"

아빠가 대답했다.
"그랬지!"

그러자 나발이 의기양양하게 말했다.
"그 돈 그냥 아빠가 쓰세요!"

Therapy

좋은 소식을 전하며 평화를 공포하며 복된 좋은 소식을 가져오며 구원을 공포하며 시온을 향하여 이르기를 네 하나님이 통치하신다 하는 자의 산을 넘는 발이 어찌 그리 아름다운가.
| 사52:7 |

글짓기 숙제

나발은 오늘도 학교에서 돌아오자마자 친구들과 어울려 신나게 놀았다.

그런데 밤에 잠잘 때가 되었을 때, 글짓기 숙제를 안 한 것이 생각났다.

그래서 나발은 누나가 쓴 글짓기를 그대로 베껴서 다음날 선생님께 제출했다.

며칠 후, 선생님이 나발을 불렀다. 그리고 단단히 야단쳤다.
"너, 이 글짓기 숙제 누구 거 베낀 거야? '우리 개'라는 이 글짓기는 너의 누나 글과 똑같잖아!"

그러자 나발이 오히려 당당하게 대답했다.
"당연하죠, 우린 같은 개를 키우고 있거든요!"

Therapy

그러므로 모든 계시가 너희에게는 봉한 책의 말처럼 되었으니 그것을 글 아는 자에게 주며 이르기를 그대에게 청하노니 이를 읽으라 하면 그가 대답하기를 그것이 봉해졌으니 나는 못 읽겠노라 할 것이요, 또 그 책을 글 모르는 자에게 주며 이르기를 그대에게 청하노니 이를 읽으라 하면 그가 대답하기를 나는 글을 모른다 할 것이니라.
| 사29:11~12

갈수록 태산

초등학교 시범수업을 참관하게 된 장학관이 지구본을 가리키며 나발에게 물었다.
"학생, 지구는 왜 기울어져 있는지 말해 보세요."

그러자 나발이 대답했다.
"제가 망가뜨린 게 아닙니다."

장학관은 어처구니가 없어서 담임선생님에게 물었다.
"어떻게 된 겁니까?"

그러자 담임선생님이 대답했다.
"이건 사 올 때부터 기울어져 있었습니다."
기가 막힌 장학관은 다시 교장에게 물었다.
"도대체 어떻게 된 겁니까?"

그러자 교장 선생님은 담임선생을 돌아보며 말했다.
"그것 보세요, 내가 중국산은 절대 사지 말라고 했잖아요!"

Therapy

내가 땅의 기초를 놓을 때에 네가 어디 있었느냐. 네가 깨달아 알았거든 말할지니라. 누가 그것의 도량법을 정하였는지, 누가 그 줄을 그것의 위에 띄웠는지 네가 아느냐. 그것의 주추는 무엇 위에 세웠으며, 그 모퉁잇돌을 누가 놓았느냐.

| 욥38:4~6

한명만 남고

학교 교실에 불이 났다. 그래서 모두들 황급히 운동장으로 대피했다.

선생님은 혹시나 해서 인원체크를 해보았다. 그랬더니 두 명이 안 보였다.

당황한 선생님은 본능적으로 교실 쪽을 바라보았다. 그때 교실 창문이 열리며 두 명이 보였다.

선생님은 교실을 향해 다급하게 소리쳤다.
"애들아, 빨리 나와!"
그러자 교실 쪽에서 대답이 들려왔다.
"선생님, 주번도 나가요?"

그러자 선생님 곁에 서있던 나발이 소리쳤다.
"야, 뭣 하러 두 명씩이나 남아. 한명만 남고 빨리 나와!"

Therapy

선지자 예레미야에게 이르되, 당신은 우리의 탄원을 듣고 이 남아있는 모든 자를 위하여 당신의 하나님 여호와께 기도해 주소서. 당신이 보는 바와 같이 우리는 많은 사람 중에서 남은 적은 무리이니 당신의 하나님 여호와께서 우리가 마땅히 갈 길과 할 일을 보이시기를 원하나이다.
| 렘42:2~3 |

다시 쓰는 출애굽기

교회에 다녀온 나발에게 아빠가 물었다.
"오늘은 교회에서 뭘 배웠니?"

나발이 대답했다.
"모세가 에굽에서 이스라엘 민족을 탈출시키는 것에 대해 배웠어요. 모세는 건설업자들을 시켜서 급히 임시다리를 만들게 한 다음, 이스라엘 민족이 바다를 다 건너자 바추카포로 뒤쫓아 오는 에굽 탱크들을 모두 폭파시켜버렸어요."
아빠가 놀라서 물었다.
"선생님이 그렇게 가르쳤다고?!"

그러자 나발이 대답했다.
"아뇨, 선생님이 가르치신 대로 말하면 아빠가 믿지 않을 것 같아서 제가 현대 버전으로 바꾼 거예요!"

Therapy

지혜 있는 자에게 교훈을 더하라. 그가 더욱 지혜로워질 것이요, 의로운 사람을 가르치라. 그의 학식이 더하리라. 여호와를 경외하는 것이 지혜의 근본이요, 거룩하신 자를 아는 것이 명철이니라.
| 잠9:9~10

용돈과 헌금

다섯 살 난 요한이는 친척들로부터 꽤 많은 용돈을 받았다.

신이 난 요한이는 과자를 사먹으러 동네 가게로 갔다.

그런데 가게 누나가 요한이한테 말했다.
"요한아, 그 돈 과자 사먹지 말고 교회에 헌금하면 어떻겠니?"

그러자 요한이가 잠시 눈을 껌뻑이더니 이렇게 대답했다.
"아뇽, 그냥 과자 사먹을래요. 대신 누나가 이 돈 헌금하세요!"

Therapy

이르시되 그런즉 가이사의 것은 가이사에게, 하나님의 것은 하나님께 바치라 하시니 그들이 백성 앞에서 그의 말을 능히 책잡지 못하고 그의 대답을 놀랍게 여겨 침묵하니라.
| 눅20:25~26 |

다시 우는 이유

밖에 나가 놀던 네 살짜리 어린 딸이 울면서 들어오자 아빠가 물었다.
"한나야, 왜 우니. 누가 놀렸어?"

그러자 어린 딸이 울음을 그치면서 대답했다.
"100원을 잃어버렸어요."

아빠가 달랬다.
"그래? 그것 가지고 뭘 울어. 아빠가 100원 줄게."

그러자 어린 딸이 갑자기 다시 울기 시작했다.
당황한 아빠가 물었다.
"한나야, 왜 또 울어?"

그러자 어린 딸이 대답했다.
"앙~앙, 이왕이면 500원을 잃어버렸다고 말할 걸 그랬어요!"

Therapy

눈물을 흘리며 씨를 뿌리는 자는 기쁨으로 거두리로다. 울며 씨를 뿌리러 나가는 자는 반드시 기쁨으로 그 곡식 단을 가지고 돌아오리로다.
| 시126:5~6 |

한 수 위

다니엘은 동네 또래 꼬마들로부터 바보라고 늘 놀림을 받았다.

동네 꼬마들이 10원짜리와 50원짜리 동전을 나란히 놓고 어느 것을 가지겠느냐고 물으면 다니엘은 항상 10원짜리 동전을 집었기 때문이다.

오늘도 다니엘은 어김없이 10원짜리 동전을 집었다. 이를 보다 못한 동네 아주머니 한 분이 다니엘을 조용히 불러서 말했다.

"얘, 지금 저 애들이 너를 가지고 노는 거야. 크기는 작지만 50원짜리가 10원짜리 보다 더 비싼 거야. 알겠니?"

그러자 다니엘이 아주머니에게 이렇게 말했다.
"알아요. 하지만 만일 제가 50원짜리를 집으면 저 애들이 그만 할 거 아녜요. 전 10원짜리를 집어서 벌써 2천원이나 벌었는걸요."

Therapy

지혜자는 그의 눈이 그의 머릿속에 있고, 우매자는 어둠 속에 다니지만 그들 모두가 당하는 일이 모두 같으리라는 것을 나도 깨달아 알았도다.
| 전2:14 |

대통령이 되면

아빠가 다섯 살짜리 아들 요한이에게 물었다.
"우리 요한이는 커서 뭐가 되고 싶어?"

요한이가 늠름하게 대답했다.
"대통령요!"

아빠는 요한이가 대견해서 아들을 번쩍 안으며 물었다.
"어이구 장해라! 그래 우리 요한이가 대통령 되면 아빠 뭐 시켜 줄 거야?"

그러자 요한이가 더욱 늠름하게 대답했다.
"짜장면요!"

Therapy

듣는 사람이 다 이 말을 마음에 두며 이르되, 이 아이가 장차 어찌 될까 하니 이는 주의 손이 그와 함께 하심이러라.
| 눅1:66 |

요한이의 대답

주일학교 선생님이 아이들에게 말했다.
"얘들아, 천당 가고 싶은 사람 손 들어봐."

그러자 모든 아이들이 손을 번쩍 들었는데 요한이 만은 손을 들지 않았다.

선생님이 물었다.
"요한이는 천당 가기 싫어?"

그러자 요한이가 대답했다.
"엄마가 교회 끝나면 딴 데 가지 말고 곧장 집으로 오랬어요!"

Therapy

이르시되 진실로 너희에게 이르노니 너희가 돌이켜 어린 아이들과 같이 되지 아니하면 결단코 천국에 들어가지 못하리라.
| 마18:3 |

두 꼬마의 대화

놀이터에서 다섯 살 쯤 돼 보이는 꼬마 둘이 처음 만났다.

한 아이가 다른 아이에게 물었다.
"난 다섯 살인데 넌 몇 살이니?"

다른 아이가 대답했다.
"몰라!"

처음 아이가 다시 물었다.
"그럼 너 여자에 대해 생각해 본 적 있니?"

다른 아이가 대답했다.
"아니!"

그러자 처음 아이가 잘라 말했다.
"그럼, 넌 네 살이야!"

Therapy

오 형제여, 나로 주 안에서 너로 말미암아 기쁨을 얻게 하고 내 마음이 그리스도 안에서 평안하게 하라. 나는 네가 순종할 것을 확신하므로 네게 썼노니 네가 내가 말한 것보다 더 행할 줄을 아노라.
| 몬1:20~21 |

아들의 요청

아빠가 다섯 살 난 아들에게 소녀에게 접근하는 방법, 춤을 청하는 방법, 그리고 무엇을 말하고 말하지 말아야 하는지, 어떻게 하면 그녀에게 점수를 딸 수 있는지 등을 가르쳐 주었다.

아빠로부터 가르침을 받은 아들이 밖으로 나갔다가 한 시간 만에 돌아와서 아빠한테 말했다.
"아빠, 이번엔 여자를 떨쳐버리는 방법을 가르쳐 주세요!"

Therapy

너희의 조상 아브라함과 너희를 낳은 사라를 생각하여 보라. 아브라함이 혼자 있을 때에 내가 그를 부르고 그에게 복을 주어 창성하게 하였느니라. 나 여호와가 시온의 모든 황폐한 곳들을 위로하여 그 사막을 에덴 같게, 그 광야를 여호와의 동산 같게 하였나니, 그 가운데에 기뻐함과 즐거워함과 감사함과 창화하는 소리가 있으리라.
| 사51:2~3

아빠의 대답

다섯 살 난 아들이 아빠에게 물었다.
"아빠, 이쁜 여자가 좋아요, 아님 착한 여자가 좋아요?"

그러자 아빠가 대답했다.
"이쁜 게 착한 거 아니냐?"

Therapy

하나님이 능히 모든 은혜를 너희에게 넘치게 하시나니 이는 너희로 모든 일에 항상 모든 것이 넉넉하여 모든 착한 일을 넘치게 하게 하려 하심이라.
| 고후:9~8

엄마와 아들

엄마가 다섯 살 난 아들을 가르치기 위해 저녁마다 잠자리에 들기 전에 스스로 씻고 장난감도 잘 정돈하는 다른 착한 아이의 이야기를 들려줬다.

그러자 얘기를 다 듣고 난 아들이 엄마에게 물었다.
"엄마, 그런데 그 애는 엄마도 없대?"

Therapy
마땅히 행할 길을 아이에게 가르치라 그리하면 늙어도 그것을 떠나지 아니하리라.
| 잠22:6 |

부녀의 기도

어느 날 가족들이 둘러앉아 저녁식사를 하는데, 다섯 살 난 딸이 어디서 배웠는지 '하나님, 감사히 먹겠습니다!'하고 기도를 한 다음 수저를 들었다.

젊은 아빠는 어린 딸이 너무나 대견스러워 그날 이후 자기도 항상 감사기도를 하고 식사를 했다.

그러던 어느 날, 아내가 바쁜 나머지 저녁 식탁에 달랑 반찬 두 가지만을 올렸다.

그러자 어린 딸과 젊은 아빠는 동시에 이렇게 기도했다.
"하나님, 간신히 먹겠습니다!"

Therapy

항상 기뻐하라, 쉬지 말고 기도하라, 범사에 감사하라. 이것이 그리스도 예수 안에서 너희를 향하신 하나님의 뜻이니라.
| 살전 5:16~18

요한이의 기도

요한이는 방문을 닫아 잠그고 아주 큰소리로 기도했다.
"하나님, 우리 아빠가 저에게 자전거를 사주도록 해주세요!"

그때 할머니가 요한이의 방문 앞을 지나다가 기도 소리를 듣고 요한이에게 물었다.
"요한아, 무슨 기도를 그렇게 큰소리로 하니? 하나님은 귀먹지 않으셨어."

그러자 요한이가 대답했다.
"하지만 하나님은 들으시는데, 아빠는 못 들으실까봐서요!"

Therapy

주는 계신 곳 하늘에서 들으시고 사하시며 각 사람의 마음을 아시오니 그들의 모든 행위대로 행하사 갚으시옵소서. 주만 홀로 사람의 마음을 다 아심이니이다.
| 왕상8:39 |

그냥 웃기

꼬마들의 기도

- 하나님, 휴가 때 계속 비가 와서 우리 아빤 기분이 무척 나쁘셨어요. 그때 우리 아빠가 하나님께 안 좋은 말을 했지만, 제가 대신 잘못을 빌 테니 용서해 주세요. 근데 제 이름은 비밀이에요.

- 사랑하는 하나님, 오른쪽 뺨을 맞으면 왼쪽 뺨을 대라는 건 알겠어요. 그런데 하나님은 여동생이 눈을 찌르면 어떻게 하시겠어요?

- 하나님, 착한 사람이 오히려 빨리 죽는다면서요? 엄마가 그렇게 말하시는 걸 들었어요. 저는요, 항상 착하지는 않아요.

- 하나님, 여동생이 있었으면 좋겠어요. 엄마는 아빠한테 부탁하라 하고, 아빠는 하나님한테 부탁하래요.

- 하나님, 사람을 태어나게 하고 또 죽게 하는 대신 지금 있는 사람은 그냥 그대로 놔두는 건 어때요?

- 하나님, 저에게 남동생을 주셔서 감사합니다. 그런데 제가 정말 갖고 싶다고 기도한 건 강아지예요.

- 하나님, 왜 한 번도 텔레비전 뉴스에 안 나오세요? 하나님은 대통령보다도 더 높으시잖아요.

- 하나님, 만일 저에게 요술램프를 주시면 하나님이 갖고 싶어 하시는 건 다 드릴게요.

Therapy

예수께서 그 어린 아이들을 불러 가까이 하시고 이르시되, 어린 아이들이 내게 오는 것을 용납하고 금하지 말라. 하나님의 나라가 이런 자의 것이니라.
| 눅18:16 |

아빠 쥐의 위기 극복

어느 쥐 가족이 아침에 가정예배를 드렸다. 그날의 말씀은 다음과 같은 고린도전서 10장 13절이었다.

"사람이 감당할 시험 밖에는 너희가 당한 것이 없나니, 오직 하나님은 미쁘사 너희가 감당하지 못할 시험 당함을 허락하지 아니하시고 시험 당할 즈음에 또한 피할 길을 내사 너희로 능히 감당하게 하시느니라."

이 말씀으로 예배를 드리고 아빠 쥐는 출근을 했다. 그런데 출근길에 그만 고양이를 만나고 말았다.

화들짝 놀란 아빠 쥐는 걸음아 날 살려라 하고 도망을 쳤다. 그런데 정신없이 도망을 치다 보니 막다른 골목에 다다랐다.

뒤를 돌아보니 고양이가 쫓아오고, 앞은 막혀있고… 아빠 쥐는 이젠 꼼짝없이 죽었구나 생각했다.

아빠 쥐는 내가 여기서 죽으면 불쌍한 아내와 자식들은 어떡하나 하는 생각을 하다 문득 아침에 인용한 성경 구절이 떠올랐다. 그러면서 불현듯 생각나는 묘안이 있어 갑자기 뒤로 돌아서서 고양이를 노려봤다. 그리고 이렇게 소리쳤다.
"멍! 멍!"

그러자 고양이는 '이크, 이거 개잖아!' 하면서 슬그머니 도망치고 말았다.

Therapy

너희는 보습을 쳐서 칼을 만들지어다. 낫을 쳐서 창을 만들지어다. 약한 자도 이르기를 나는 강하다 할지어다.
| 욜3:10 |

잔디밭의 결투

메뚜기 한 마리가 잔디밭을 뛰어가다 실수로, 외출 나온 하루살이의 어깨를 쳤다.

그렇지 않아도 기분이 좋지 않던 하루살이는 메뚜기에게 마구 욕을 해댔다.

그러자 열이 받은 메뚜기가 하루살이를 흠씬 두들겨 팼다.

4주 이상 진단이 나오도록 얻어맞고 자기 동네로 돌아간 하루살이는 대장 하루살이에게 복수를 해 달라고 부탁을 했다.

그날 오후, 대장 하루살이는 정예 부하 5천 마리를 데리고 메뚜기한테로 왔다.

대장 하루살이가 맨 앞에 서고 나머지 하루살이들은 메뚜기를 중심으로 겹겹이 둘러쌌다.

그러자 도저히 승산이 없다고 판단한 메뚜기가 재빨리 대장 하루살이에게 제안했다.
"승부는 내일로 미루자!"

Therapy

다윗이 블레셋 사람에게 이르되 너는 칼과 창과 단창으로 내게 나아오거니와 나는 만군의 여호와의 이름 곧 네가 모욕하는 이스라엘 군대의 하나님의 이름으로 네게 나아가노라.
| 삼상17:45 |

손오공의 분신

어느 날, 손오공이 수십 명의 적을 상대로 싸우게 되었다.

중과부적이라 자기 혼자서는 도저히 감당할 수 없게 된 손오공은 재빨리 머리카락을 한 움큼 뽑아 공중에 던지면서 외쳤다.
"하나님, 이 털만큼 분신을 만들어 주세요!"

그러자 하나님께서 즉시 수십 명의 손오공 분신을 만들어주셨다.

그런데 손오공이 여러 분신들과 함께 열심히 싸우다가 둘러보니, 한 분신만은 비실대며 제대로 싸우지도 못하고 있었다.

화가 난 손오공이 그 분신한테 소리쳤다.
"야! 넌 용감하게 싸우지 않고 뭐하고 있어?"

그러자 그 분신이 대답했다.
"예, 전 새치인데요!"

Therapy

네 눈을 잠들게 하지 말며 눈꺼풀을 감기게 하지 말고, 노루가 사냥꾼의 손에서 벗어나는 것 같이, 새가 그물 치는 자의 손에서 벗어나는 것 같이 스스로 구원하라.
| 잠6:4~5

4.5의 변신

4.5는 허구한 날 5에게 괴롭힘을 당했다. 그러나 그는 자신이 5보다 0.5 적은 숫자였으므로 말없이 죽어지냈다.

그러던 어느 날, 5가 4.5에게 커피를 타오라고 하자 평소 같으면 쪼르르 달려가서 커피를 타 와야 할 4.5가 뻣뻣하게 서서 5에게 말했다.
"내가 니 종이냐? 니가 타먹어!"

순간, 주위에 있던 숫자들이 바짝 긴장했다. 난폭한 5가 어떻게 나올지 몰랐기 때문이다.

불안을 느낀 2와 3이 얼른 나서서 4.5를 말렸다.
"야, 너 미쳤어! 왜 그래?"

그러자 4.5가 손마디를 우두둑 꺾으며 목소리를 깔고 말했다.
"나 좀 뺏어 임마!"

Therapy

그러므로 사랑하는 자들아, 너희가 이것을 바라보나니 주 앞에서 점도 없고 흠도 없이 평강 가운데서 나타나기를 힘쓰라. 또 우리 주의 오래 참으심이 구원이 될 줄로 여기라.
| 벧후 3:14~15

엄마 호떡과 아기 호떡

밀가루 반죽 통 안에 엄마 호떡과 아기 호떡이 살고 있었다.

어느 날, 뜨거운 구이 판에 들어간 아기 호떡이 소리쳤다.
"엄마 뜨거워!"

그러자 엄마 호떡이 타일렀다.
"참아라! 참는 자에게 하나님께서 복을 주실 것이다."

잠시 후, 아기 호떡이 다시 소리쳤다.
"엄마 정말 뜨거워! 나 못 참겠어요."

그래도 엄마 호떡은 단호하게 말했다.
"참아야 하느니라!"

잠시 후, 아기 호떡은 몸을 비비 꼬며 괴로운 듯 소리쳤다.
"엄마 살려줘요. 나 정말 뜨거워서 더 이상 못 참겠어요!"

그러자 엄마 호떡이 소리쳤다.
"그럼 뒤집어!"

Therapy

하나님이 아브라함에게 약속하실 때에 가리켜 맹세할 자가 자기보다 더 큰 이가 없으므로 자기를 가리켜 맹세하여 이르시되, 내가 반드시 너에게 복 주고 복 주며 너를 번성하게 하고 번성하게 하리라 하셨더니. 그가 이같이 오래 참아 약속을 받았느니라.
| 히6:13~15 |

거북이 삼형제

어느 화창한 봄날, 거북이 삼형제가 주일예배를 마치고 소풍을 나섰다.

그들이 푸른 언덕과 숲길을 지나 목적지에 도착하여 막상 김밥을 먹으려고 보니 물이 없었다.

거북이 삼형제는 '가위바위보'를 해서 진 거북이가 물을 뜨러 가기로 했다.

가위바위보를 한 결과 막내가 물을 뜨러 가게 되었다.

그런데 막내 거북이는 자기가 물을 뜨러 간 사이 형들이 김밥을 다 먹어치울까 봐 걱정이 돼서 이렇게 말했다.
"형아들, 절대 김밥 먼저 먹지 마!"

이렇게 해서 막내 거북이가 물을 뜨러 간 사이, 형들은 머리를 등껍질 속에 집어넣고 막내를 기다렸다.

한 시간 두 시간, 하루 이틀, 한 달 두 달… 하지만 아무리 기다려도 막내 거북이는 돌아오지 않았다.

그러다 기다림에 지친 형들은 배가 고파 더 이상 참지 못하고 김밥을 딱 하나씩만 먹기로 했다.

그런데 그들이 도시락을 꺼내 막 김밥을 먹으려는 순간, 물을 뜨러 간줄 알았던 막내 거북이가 바위 뒤에서 불쑥 얼굴을 내밀며 소리쳤다.

"형아들, 그런 식으로 하면 나 물 뜨러 안 간다!"

Therapy

지팡이를 가지고 네 형 아론과 함께 회중을 모으고 그들의 목전에서 너희는 반석에게 명령하여 물을 내라 하라. 네가 그 반석이 물을 내게 하여 회중과 그들의 짐승에게 마시게 할지니라.
| 민20:8 |

개미와 지네

어느 날, 개미가 지네네 집에 놀러갔다. 개미와 지네는 '가위바위보' 게임을 해서 진 쪽이 아이스크림을 사오기로 했다.

흔히 하는 것처럼 그들도 가위바위보를 삼세번 했는데 결국은 지네가 졌다.

그래서 약속대로 지네는 아이스크림을 사러 밖으로 나갔고, 개미는 방안에서 기다렸다.

하지만 30분이 지나고 한 시간이 지나도록 지네가 돌아오지 않았다. 그래서 걱정이 된 개미는 밖으로 나가보았다.

그랬더니 맙소사! 지네는 아직도 문간에서 낑낑대며 그 많은 발에 하나씩 신발을 신고 있었다.

안타깝게 생각한 개미는 자기가 대신 아이스크림을 사오겠다며, 지네보고 방에 들어가서 기다리라고 했다.

그런데 이번엔 지네가 방안에서 기다린 지 30분이 지나고 한 시간이 지나도록 개미가 돌아오지 않았다.

그래서 걱정이 된 지네가 밖으로 나가보았더니, 맙소사! 개미는 아직도 문간에서 낑낑대며 그 많은 지네의 신발 속에서 자기의 신발을 찾고 있었다.

Therapy

전대나 배낭이나 신발을 가지지 말며, 길에서 아무에게도 문안하지 말며, 어느 집에 들어가든지 먼저 말하되 이 집이 평안할지어다 하라. 만일 평안을 받을 사람이 거기 있으면 너희의 평안이 그에게 머물 것이요, 그렇지 않으면 너희에게로 돌아오리라.

| 눅10:4~6 |

개미와 코끼리

거대한 코끼리가 낮잠을 자고 있었다.

그런데 개미가 등산을 한다며 배낭을 메고 코끼리 등 위로 올라갔다.

깜짝 놀라 잠에서 깬 코끼리가 개미에게 소리쳤다.
"야 임마, 무겁다. 내려가라!"

그러자 개미가 앞발을 번쩍 치켜들며 소리쳤다.
"조용히 해 자슥아, 콱 밟아 죽이기 전에!"

그때 마침 이 광경을 지켜본 하루살이가 혼자 중얼거렸다.
"세상에, 오래 살다 보니 별 꼬라지 다 보겠네!"

Therapy

여호와여 내 마음이 교만하지 아니하고 내 눈이 오만하지 아니하오며, 내가 큰일과 감당하지 못할 놀라운 일을 하려고 힘쓰지 아니하나이다.
| 시131:1 |

티코와 모기

티코가 도로를 신나게 달리다가 그만 도랑에 빠지고 말았다.

낮잠을 즐기던 모기가 깜짝 놀라서 소리쳤다.
"넌 누구냐?"

티코가 대답했다.
"난 자동차다!"

그러자 모기가 코웃음을 치며 말했다.
"야, 니가 자동차면 난 독수리다!"

Therapy

나는 우리가 약한 것 같이 욕되게 말하노라. 그러나 누가 무슨 일에 담대하면 어리석은 말이나마 나도 담대하리라.
| 고후11:21 |

참새와 포수

전깃줄에 참새 열 마리가 앉아 있었다.

포수가 참새들을 겨냥해서 한 마리씩 차례차례 쐈다. 포수는 드디어 아홉 번째 참새를 맞추고 열 번째 참새를 겨냥했다.

목숨이 경각에 달린 열 번째 참새는 하나님께 간절히 기도했다.
"주여, 내 뜻대로 마옵시고 하나님 뜻대로 하옵소서!"

그런데 바로 그 순간, 기도 덕분인지 포수가 슬그머니 총구를 내렸다.

열 번째 참새가 감사하고 궁금해서 포수에게 물었다.
"아니, 아저씨 웬 일이세요?"

그러자 포수가 참새에게 말했다.
"야, 너 가서 아홉 마리 더 데리고 와!"

Therapy

참새 두 마리가 한 앗사리온에 팔리지 않느냐. 그러나 너희 아버지께서 허락하지 아니하시면 그 하나도 땅에 떨어지지 아니하리라.
| 마10:29 |

펭귄의 나들이

남극에서 혼자 놀던 펭귄이 너무 심심해서 어느날 북극 곰네 집에 놀러가기 위해 길을 나섰다.

펭귄은 3년 동안 쉬지 않고 뒤뚱뒤뚱 걸었는데, 가만히 생각해 보니 냉장고 문을 안 닫고 온 것 같았다.

그래서 펭귄은 다시 3년 동안 뒤뚱뒤뚱 걸어서 집으로 돌아가 냉장고 문을 닫고, 다시 길을 나섰다.

그후 펭귄은 눈 언덕과 얼음 들판을 지나 5년 동안 뒤뚱뒤뚱 걸어서 드디어 북극곰네 집에 도착했다.

펭귄이 북극곰네 집 문을 두드리며 말했다.
"북극곰아, 나랑 놀자!"

그러자 북극곰이 얼음집 문을 빠끔히 열고 내다보며 대답했다.
"나 지금 너랑 놀 시간 없어!"

Therapy

그러나 나는 말하기를 내가 헛되이 수고하였으며 무익하게 공연히 내 힘을 다하였다 하였도다 .참으로 나에 대한 판단이 여호와께 있고 나의 보응이 나의 하나님께 있느니라.

| 사49:4 |

끼어든 녀석

송사리 부부가 주일예배를 마치고 아이들 셋과 함께 넓은 강으로 소풍을 나섰다.

급류지점을 돌아 잔잔한 모래 강에 이르렀을 때, 아빠 송사리가 둘러보니 아이가 하나 더 늘어 새끼 송사리는 모두 네 마리였다.

아빠 송사리가 몰래 끼어든 녀석에게 물었다.
"야, 넌 누구냐?"

그러자 끼어든 송사리가 대답했다.
"전 꼽사린데요!"

그들은 가져온 김밥을 나눠 먹었다.

Therapy

이는 이방인들이 복음으로 말미암아 그리스도 예수 안에서 함께 상속자가 되고 함께 지체가 되고 함께 약속에 참여하는 자가 됨이라.
| 엡3:6 |

멸치 부부의 금슬

금슬 좋은 멸치 부부가 오랜만에 함께 산책을 나섰다.

그런데 미역 숲에서 산림욕을 즐기던 부부가 그만 어부에게 잡히고 말았다.

그러자 남편 멸치가 아내 멸치를 돌아보며 비장한 각오로 말했다.
"여보, 우리 우거짓국에서 다시 만나요!"

Therapy

사랑은 언제까지나 떨어지지 아니하되 예언도 폐하고 방언도 그치고 지식도 폐하리라.
| 고전13:8 |

수탉의 가출

닭 부부가 부부싸움을 한 끝에 수탉이 가출을 했다.

밤늦도록 수탉이 돌아오지 않자 암탉은 자신의 잘못을 뉘우치며 불현듯 걱정이 되어 남편을 찾아 나섰다.

암탉은 동네방네 돌아다니며 남편을 애타게 불러댔다.
"계란이 아빠! 계란이 아빠!…"

Therapy

들나귀가 풀이 있으면 어찌 울겠으며, 소가 꼴이 있으면 어찌 울겠느냐. 싱거운 것이 소금 없이 먹히겠느냐 닭의 알 흰자위가 맛이 있겠느냐.
| 욥6:6 |

두 계란의 자화상

어느 날, 암탉이 계란 두 개를 낳았다.

엄마 암탉은 아들 둘에게 민수기 13~14장 '12명의 정탐꾼' 이야기를 해주면서 크고 담대한 자화상을 가지라고 가르쳤다.

그런 다음 큰아들 계란에게 물었다.
"너는 커서 무엇이 되고 싶으냐?"

그러자 큰아들 계란이 대답했다.
"후라이요!"

엄마 암탉이 실망하며 큰아들 계란을 나무랐다.
"에그, 이 녀석아! 그건 메뚜기의 자화상이야. 좀 더 큰 자화상을 가져야지."

그러면서 이번엔 작은아들 계란에게 물었다.
"너는 커서 무엇이 되고 싶으냐?"

그러자 작은아들 계란이 늠름하게 대답했다.
"후라이드요!"

Therapy

이스라엘 자손 앞에서 그 정탐한 땅을 악평하여 이르되 우리가 두루 다니며 정탐한 땅은 그 거주민을 삼키는 땅이요, 거기서 본 모든 백성은 신장이 장대한 자들이며, 거기서 네피림 후손인 아낙 자손의 거인들을 보았나니 우리는 스스로 보기에도 메뚜기 같으니 그들이 보기에도 그와 같았을 것이니라.
| 민13:32~33 |

암탉과 젖소의 불평

암탉이 젖소에게 불평을 늘어놓았다.
"사람들은 참 나빠! 자기네들은 계획적으로 아이를 낳으면서 우리한테는 무조건 알을 많이 낳으라고 한단 말이야."

그러자 젖소도 불평했다.
"그까짓 건 아무것도 아냐. 창세 이래 수많은 인간들이 내 젖을 먹으면서 나를 엄마라고 부르는 놈은 한 명도 없어!"

Therapy

하나님이 그들에게 복을 주시며, 하나님이 그들에게 이르시되 생육하고 번성하여 땅에 충만하라. 땅을 정복하라. 바다의 물고기와 하늘의 새와 땅에 움직이는 모든 생물을 다스리라 하시니라.
| 창1:28 |

그냥 웃기

닭이 길을 건넌 것에 대한 여러 반응

- 성경 : 하나님이 거룩한 목소리로 닭에게 말씀하셨다. "너는 길을 건너야 하느니라~" 그래서 닭은 길을 건넜고, 사방에 커다란 기쁨과 사랑이 퍼지게 되었다.

- 아인슈타인 : 닭이 실제로 길을 건너간 것인가, 땅바닥이 움직인 것인가? 답은 사람마다 상대적으로 다를 수 있다.

- 스탈린 : 무슨 상관인가? 길을 건넌 닭이든 안 건넌 닭이든 무조건 닭을 잡아라! 오믈렛을 만들려면 달걀이 필요하다.

- 할아버지 : 내가 젊었을 때는 아무도 닭이 왜 길을 건넜는지 묻지 않았지. 누군가가 우리에게 닭이 길을 건너갔다고 말하면 그걸로 끝이었고, 또 충분했어!

Therapy

하나님이 바다를 변하여 육지가 되게 하셨으므로 무리가 걸어서 강을 건너고 우리가 거기서 주로 말미암아 기뻐하였도다.
| 시66:6 |